反
資本主義
THE ANTI-CAPITALIST
編年紀事
CHRONICLES

DAVID HARVEY
大衛．哈維——著 許瑞宋——譯

目次

序言

喬丹・坎普（Jordan T. Camp）

藉由出版《反資本主義編年紀事》，我和我的共同編輯希瑟頓（Christina Heatherton）和卡魯卡（Manu Karuka）非常自豪地推出我們的「紅字」（Red Letter）系列圖書。紅字系列的作者是從國際主義的角度關注北美窮人、勞工階級和被剝奪者的鬥爭的知識分子。受葛蘭西（Antonio Gramsci）啟發，我們出版新興基進知識分子、作家、學者，以及政治和社會運動的長期遊說者的作品。在人們對社會主義的興趣高漲的情況下，我們希望我們出版的書成為教育資源，幫助大眾認識勞工階級和社會主義運動，並成為課堂用書。我們的目標是將反帝國主義和階級鬥爭置於政治與知識議程的核心。

我們希望以《反資本主義編年紀事》介入圍繞著新自由主義資本體制危機和社會主義左派復興的辯論。它是從人民論壇（The People's Forum）的討論中發展出來的，人民論壇是紐約市一個運動育成中心（movement incubator）和教育與文化空間。在此一努力中，我們有幸與美國和全球南方（Global South）的政治和社會運動互動，包括巴西的無地農民運動（MST）；南非的棚戶運動（Abahlali baseMjondolo）和南非全國金屬工人工會（NUMSA）的運動；以及北美的窮人運動（Poor People's Campaign）、「爭取十五美元」（Fight for $15）和反戰運動。在這些鬥爭中，我們看到了社會根本變革的新願景。能與美國以至世界頂尖的馬克思主義學者大衛・哈維合作，使我們感到非常自豪。

極少人能像世界知名的馬克思主義理論家大衛・哈維那樣看清世局和展望未來。自二〇〇五年出版暢銷著作《新自由主義簡史》（*A Brief History of Neoliberalism*）以來，哈維一直追蹤新自由主義資本體制的演變和反抗這種體制的基進浪潮。在世界經歷一波波的經濟危機、階級鬥爭和新法西斯反動之際，哈維解釋了為何社會主義有可能替代資本主義，並闡明邁向社會主義的轉變如何能夠而且必須藉由運動來組織。《反資本主義編年紀事》代表哈維對危機和可能性的深入思考，是他對《新自由主義簡史》出版以來這些年間的世界局勢富洞察力的最新評估。

雖然有些著作宣稱新自由主義已死，《反資本主義編年紀事》認為新自由主義仍充滿活力，但值得注意的是，它已喪失其正當性（legitimacy）。新自由主義因為無法再像以前那樣獲得大眾支持，為求生存，已經與新法西斯主義結盟。因此，民族主義和暴力反動勢力崛起，並不是資本體制求生的偶然產物；一如哈維指出，這種暴力自從資本體制血腥面世以來一直存在。[1]在《新自由主義簡史》中，哈維指出，一九七三年美國中央情報局支持智利政變，是世界轉向新自由主義的一個關鍵時刻。當時美國總統尼克森（Richard Nixon）命令中情局在智利「使經濟尖叫」（make the economy scream），以阻止在民主選舉中當選的社會主義者阿葉德（Salvador Allende）「上臺掌權」。結果是民主力量遭軍事力量暴力鎮壓。在美國支持拉丁美洲政變、美國支持極右翼，以及南半球左派政治運動受鎮壓的當前時刻，哈維的洞見對我們理解新自由主義國家的演變以至眼前的鬥爭至關重要。[2]

無論是當年還是現在，如果不考慮美國乃至世界的階級鬥爭，新自由主義國家崛起是無法想像的。在一九六〇和一九七〇年代，民族解放和社會主義鬥爭流傳於非洲、亞洲和拉丁美洲。這些鬥爭與北美和歐洲不斷擴大的城市叛亂有關。正如我已指出，越南等地的反帝國主義鬥爭，與一九六五年洛杉磯瓦特區（Watts）和一九六七年底特律等地的暴動有具體的關係。整體而言，這些鬥爭造成了資本和國家的霸權危機。國家和資本主義勢力對此一危機的政治反應，產生了一個新的歷史和地理關頭。如果脫離這個全球叛亂背景，新自由主義興起

1 Jipson John and Jitheesh P.M., "'The Neoliberal Project is Alive but Has Lost its Legitimacy': An Interview with David Harvey," *The Wire*, February 16, 2019, https://thewire.in/economy/david-harvey-marxist-scholar-neo-liberalism (accessed May 12, 2020).

2 Nixon quoted in Peter Kornbluh, "Chile and the United States: Declassified Documents Relating to the Military Coup, September 11, 1973," National Security Archive Electronic Briefing Book 8, https://nsarchive2.gwu.edu//NSAEBB/NSAEBB8/nsaebb8i.htm (accessed May 12, 2020); David Harvey, *A Brief History of Neoliberalism* (Oxford: Oxford University Press, 2005), pp.7-9.

是無法理解的。[3]

一如《新自由主義簡史》所述，在這段時期，統治階級的利益證明是與大眾利益脫節的。戰爭和武力方面的支出增加，例如耗費巨資在大規模監禁和警政上，助長了新自由主義的正當性危機。為了解決此一危機，資本主義國家提倡威權政治和自由市場解決方案。正是這些作為標誌著這些國家轉向新自由主義。我們必須記住，這場全球新自由主義反革命是政治和階級鬥爭的產物；這些鬥爭本來可以有不同的結果，現在也還是可以產生不同的結果。[4]

新自由主義國家的發展伴隨著歷史上特有的一種常識之產生。哈維像義大利馬克思主義理論家葛蘭西（Antonio Gramsci）那樣，利用常識的概念描述那種使人們接受強制措施的「普遍持有的假設和信念」。[5]常識利用關於種族、性別、性、宗教、家庭、自由、腐敗、法律與秩序的文化主義和民族主義敘事，掩蓋政治和經濟問題的根源。這些敘事被動員來確保人們接受哈維所講的「階級力量的復辟」。哈維認為，政治問題如果被文化敘事掩蓋，就會很難回答。例如二〇〇五年紐奧良的卡崔娜（Katrina）颶風是一場環境大災難，需要國家組織疏散計畫，部署緊急公共衛生措施，以及分發食物和藥品。但這場災難被重塑為一場法律與秩序的種族危機，由國家利用警察、軍事介入和槍支解決。這樣的重新定義使聯邦資金得以轉用在鎮壓和企業投資上，而不是用來救災；這是明顯的階級復辟計畫。[6]

新自由主義常識已經藉由媒體、大學和智庫組織流傳了數十年。非洲、亞洲、美洲和歐洲的反資本主義運動，則利用哈維的理論研究成果對抗新自由主義常識的流傳。這些左派群眾運動，以及從智利到黎巴嫩以至海地的週期性反緊縮政策抗議，揭露了新自由主義已無法獲得大眾接受的事實。當前事態相當於葛蘭西所講的「權威危機」或「統治階級失去其共識」的時刻，也就是統治階級「不再『領導』，只是『主宰』，只靠行使強制力」，因此「這意味著廣大群眾已經脫離了傳統意識形態，不再相信他們過去相信的東西」。這種時刻是不可預料的，但它也賦予行動者和反對勢力獨特的機會去組織起來。[7]

3 David Harvey, *The Limits to Capital* (New York: Verso, 2006), pp. x-xi; Vijay Prashad, *The Poorer Nations: A Possible History of the Global South* (New York: Verso, 2012), pp. 5; Jordan T. Camp, *Incarcerating the Crisis: Freedom Struggles and the Rise of the Neoliberal State* (Oakland: University of California Press, 2016); Neil Smith, *Uneven Development: Nature, Capital, and the Production of Space* (Athens: University of Georgia Press, 2010), p. 240.

4 Giovanni Arrighi, *Adam Smith in Beijing: Lineages of the 21st Century* (New York: Verso, 2007), pp. 154-55; Ruth Wilson Gilmore, *Golden Gulag: Prisons, Surplus, and Opposition in Globalizing California* (Berkeley: University of California Press, 2007); Jordan T. Camp, "The Bombs Explode at Home: Policing, Prisons, and Permanent War," *Social Justice* 44.2-3 (2017): 21; Gillian Hart, "D/developments after the Meltdown," *Antipode* 41.Si (2009): 117-41; Camp, *Incarcerating the Crisis*.

5 Antonio Gramsci, *Selections from the Prison Notebooks* (New York: International Publishers, 2003 [1971]), pp. 323, 328.

6 Harvey, *A Brief History of Neoliberalism*, p. 39; Clyde Woods, *Development Drowned and Reborn: The Blues and Bourbon Restorations in Post-Katrina New Orleans*, ed. Jordan T. Camp and Laura Pulido (Athens: University of Georgia Press, 2017).

7 Gramsci, *Selections from the Prison Notebooks*, pp. 275-76; Jordan T. Camp and Jennifer Greenburg, "Counterinsurgency Reexamined: Racism, Capitalism, and U.S. Military Doctrine," *Antipode* 52.2 (2020): 430-51.

雖然新自由主義國家的正當性已經受損，但《反資本主義編年紀事》認為其政治計畫仍活力十足。哈維針對當前事態更新他在《新自由主義簡史》中的分析，提出以下見解：新自由主義如今必須與新法西斯主義結盟，否則無法生存下去。為了支持此一論點，哈維探討了巴西極右派總統波索納洛（Jair Bolsonaro）的政府如何利用暴力以及種族主義、性別主義和反動常識的呼籲，強行實行一種新自由主義模式。他列舉了波索納洛政府與當年智利皮諾契特（Augusto Pinochet）政權的相似之處（皮諾契特在一九七三年中情局支持的政變中上臺）。在其從政生涯中，波索納洛曾讚揚一九七〇和一九八〇年代統治巴西的軍事獨裁政權。他公開讚頌軍事獨裁時期對巴西前總統羅賽芙（Dilma Rousseff）行酷刑的人（羅賽芙在二〇一六年的「議會政變」中遭彈劾）。波索納洛利用人們對毒品、黑幫和貧民區犯罪活動的焦慮，贏得民眾對一項新法西斯主義計畫的支持；該計畫結合對社會主義左派的鎮壓和對民主制度的攻擊。如哈維所言，波索納洛利用常識敘事復辟巴西和南美地區的階級力量。[8]

波索納洛崛起，是資本主義和新自由主義國家的危機在政治上的表現；在這個危機中，新自由主義資本體系無法再像過去那樣運作下去。經濟學家暨巴西無地農民運動共同發起人施特得理（João Pedro Stedile）認為，這個危機的特徵在於「資本主義生產方式的本質受質疑」，而這種生產方式如今受金融資本和控制全球生產的大型國際企業支配。施特得理認為，當前危機痛苦地暴露了資本主義如何無法解決其內在矛盾。換句話說，資本無法在造就財富自由積累的同時，滿足貧困的多數人的需求；資本沒有服務人民或國家的計畫。波索納洛政府是個不穩定的聯盟，結盟者包括芝加哥學派的金融業者、基督教福音基本教義派，以及軍方最保守的派系。他們推動所謂的自由市場解決方案，以國家重手鎮壓反對力量和抗議犯罪化（將民眾抗議當成犯罪處理）為後盾。施特得理認為，在波索納洛掌權的巴西，新自由主義者積極推動當年智利獨裁政權的政策，只是背景有所不同。值得注意的是，當前的巴西極右派政府得到川普政府的支持，後者正在拉丁美洲積極推行一種公然侵略性的帝國主義策略。[9]

二〇一〇年，哈維在巴西愉港（Porto Alegre）舉行的世界社會論壇上發表演講，題為「為反資本主義過渡組織起來」。他認為二〇〇七至二〇〇八年全球金融危機之後成形的霸權

8 Vincent Bevins, "The Dirty Problems with Operation Carwash," *The Atlantic*, August 21, 2019, www.theatlantic.com/international/archive/2019/08/anti-corruption-crusades-paved-way-bolsonaro/596449/ (accessed May 12, 2020); The Intercept, Secret Brazil Archive, https://theintercept.com/series/secret-brazil-archive (accessed May 12, 2020); Jordan T. Camp, "The Rise of the Right in Latin America: An Interview with Stephanie Weatherbee Brito," *The New Intellectuals*, March 12, 2020, https://tpf.link/tni (accessed June 15, 2020).

9 João Pedro Stedile, "Contemporary Challenges for the Working Class and Peasantry in Brazil," *Monthly Review*, July 1, 2019, https://monthlyreview.org/2019/07/01/contemporary-challenges-for-the-working-class-and-peasantry-in-brazil/ (accessed May 12, 2020).

10 David Harvey, "Organizing for the Anti-Capitalist Transition," talk at the 2010 World Social Forum, Porto Alegre, Brazil, http://davidharvey.org/2009/12/organizing-for-the-anti-capitalist-transition (accessed May 12, 2020).

危機，是建立一場真正全球性的反資本主義運動的好機會。他表示，如果不形成有能力奪取國家權力的政治組織，以便提出替代方案解決「後果越來越致命的資本主義無休止的未來危機」，就無法完全回答列寧（Lenin）那個「該怎麼做」的問題。哈維的結論是「列寧的問題要求我們回答」。[10]

為了現在就回答這問題，哈維主張建立反資本主義運動，其策略目標是控制「生產和剩餘的分配」。隨著鬥爭基進化，理解到問題的根源是系統性和結構性的，「而不是特別和局部的」，這種運動的萌芽就會變得明顯。哈維認為，在這方面，「葛蘭西作品非常重視的那種『有機知識分子』，也就是藉由痛苦的經歷直接認識世界，但以更開闊的方式形成自身對資本主義的理解的自學者，有很大的發言權。」在這方面，哈維認為我們必須學會傾聽巴西、印度和整個全球南方從事政治和社會運動的有機知識分子的意見。哈維寫道：「在這種情況下，我們必須放大相對基層的聲音，以便關注剝削和壓迫的情況以及可以形成反資本主義計畫的答案。」[11]

《反資本主義編年紀事》是塑造反資本主義方案的大計的一部分。它出現於彰顯新自由主義墮落的一個關鍵時刻。哈維撰寫本書時，冠狀病毒大流行正蹂躪美國和世界各地。美國人民迫切需要醫療服務、緊急防護用品和可以用來支付房租、購買食物和維持生命的聯邦援助，但此時川普政府卻利用種族主義和民族主義敘事重新定義這場危機。川普政府並不積極投入資源拯救人命，反而主張民眾為了國家的利益回去工作，而且希望把聯邦資金用來支持銀行和企業，而不是用在緊急醫療介入上。藉由《反資本主義編年紀事》，哈維幫助行動者從這些轉移注意力的文化解釋中「提取政治意義」。[12]他強調當前危機的起因和後果，說明了為什麼「世上沒有真正的自然災難」。事實上，一如哈維指出，過去四十年的新自由主義政策使大眾「變得非常脆弱，未能做好面對這種公共衛生危機的準備」。我們能否生存下去，將取決於我們能否克服這些狀況。[13]

此時此刻，新自由主義危機應對方案之不合理，可說是空前清楚。極右派理論家主張窮人、病人和老人為了所謂的「國家」利益，犧牲性命去工作。資本顯然不可能以自由市場方案處理這場危機，同時滿足貧困的多數人的需求。窮人、勞工階級和被剝奪者實際上淪為可棄的東西，即使他們的勞動被視為不可或缺。哈維警告：「如果國家不大規模介入，失業率幾乎肯定將升至與一九三〇年代相若的水準，但這種干預必然違背新自由主義的理念。」這

11 同前注。
12 Harvey, *A Brief History of Neoliberalism*, p. 39.
13 本書第十八章。
14 同前注；New Frame Editorial, “Coronavirus and the Crisis of Capitalism,” *New Frame*, March 13, 2020, www.newframe.com/coronavirus-and-the-crisis-of-capitalism/ (accessed May 12, 2020).

種情況無疑是一種危機。但一如哈維告訴我們，它也賦予我們前所未有的機會去反資本主義。為此我們必須投入大眾教育和政治動員以說明社會主義替代方案的可能。正如哈維指出，這是我們這個時代必須執行的反資本主義任務。我們希望本書對所有參與這場鬥爭的人有幫助。[14]

編輯前言

喬丹・坎普（Jordan T. Camp）
克里斯・卡魯索（Chris Caruso）

在當前這個緊要關頭，馬克思主義地理學家和資本主義理論家大衛・哈維帶給我們這本《反資本主義編年紀事》。它以及時的觀察和敏銳的分析介入當前事件和當代辯論。此外，本書提供一個馬克思主義框架，有助分析反資本主義鬥爭中不受重視的面向和它們的國際關聯。

幾乎沒有人比哈維更適合討論當前的資本主義危機和政治可能性的重要關頭。哈維是都市研究方面的主要理論家，獲《圖書館雜誌》（*Library Journal*）譽為「二十世紀後期影響力最大的地理學家之一」，目前是紐約市立大學研究生中心人類學和地球與環境科學傑出教授，著有二十多本書。

哈維經常在國際間演講，而且演講場所並非僅限於校園和研究所，還包括無家者的營地、弱勢者占領的建築、大眾教育學校、監獄，以及行動者的集會。他是公共知識分子，與世界各地數十項社會運動保持對話。哈維在劍橋大學獲得博士學位，曾擔任約翰・霍普金斯大學地理學教授、倫敦政經學院米勒班研究員，以及牛津大學地理學講座教授。

哈維是人文與社會科學領域被引用次數最多的學者之一，但自從出版《新帝國主義》（*The New Imperialism*, 2003）以來，他越來越致力於為大眾讀者寫作，這方面的著作包括《新自由主義簡史》（二〇〇五）、《資本之謎》（*The Enigma of Capital*, 2010）、《資本社會的十七個矛盾》（*Seventeen Contradictions and the End of Capitalism*, 2014），以及《資本思維的瘋狂矛盾：大衛哈維新解馬克思（Karl Marx）與《資本論》》（*Marx, Capital and the Madness of Economic Reason*, 2017）。

除了出版這些著作，哈維逾十年來一直是網絡空間的創新者。他在推特上（@profdavidharvey）有超過十二萬名粉絲，而且在個人網站（davidharvey.org）和社群媒體上也非常活躍。皮尤研究中心資深人口學家哈克特（Conrad Hackett）二〇一七年在推特上列出最多人追蹤的社會學家，哈維名列第四。哈克特也列出最多人追蹤的經濟學家，哈維名列第十五。由此可見哈維的廣泛影響力：他是唯一同時出現在這兩個名單上的人，雖然他既不是社會學家，也不是經濟學家。

本書的靈感來自於哈維的「反資本主義編年紀事」（Anti-Capitalist Chronicles），一個每月兩次的播客和線上影片節目，以馬克思主義的視角審視當代資本主義。該節目能成事，有賴從事媒體和現場活動製作的非營利組織 Democracy at Work。他們把資本主義當成系統性問題分析，倡導系統性解決方案。這不是哈維源自其線上活動的第一本著作。二〇〇八年，哈維與共同編輯克里斯・卡魯索製作了「與大衛・哈維一起讀馬克思的《資本論》」，一個免費的線上影片課程（http://davidharvey.org/reading-capital/）。哈維的線上課程和相關網站吸引了世界各地大量觀眾，在兩百多個國家累積了超過四百五十萬的觀看次數。這些聽眾以各種方式付諸行動，包括在世界各地自行組織了數百個《資本論》學習小組，以及藉由自發的眾包行動，將哈維教授的第一卷講義翻譯成四十五種語言。

《資本論》課程大獲成功，被視為對重振世人對馬克思理論的興趣大有功勞；一九八九年柏林圍牆倒下之後，人們對學習馬克思理論的興趣大為減弱。這一系列的線上課程預示了後來大規模開放式線上課程（MOOC）的發展，是教育技術上的重要創新，如今已被廣泛仿效。《跟著大衛・哈維讀資本論》第一卷（*A Companion to Marx's Capital*, 2010）和第二卷（*A Companion to Marx's Capital*, 2013）就是源自這些線上課程。

《反資本主義編年紀事》提出的分析，對政治和社會運動以至關注不義的普通人理解當前的階級鬥爭形態非常重要。本書以會話體寫成，為讀者親近哈維的著作提供了一個平易的新切入點。它適合第一次閱讀哈維作品的人，也適合熟悉其著作的讀者。在本書最後，我們針對每一章的主題提供延伸閱讀建議和有助討論的問題。考慮到「與大衛・哈維一起讀馬克思的《資本論》」在世界各地引發觀眾自發組織學習小組，我們將這本書設計成適合組織者、行動者和其他人使用的普及教育工具，而它也適合比較正式的課程採用。

本書共十九章，哈維在當中論述當代重要議題，包括經濟中金融和貨幣勢力集中的現象、新型冠狀病毒大流行、通用汽車關廠事件、新自由主義者與新法西斯主義者在巴西和世界各地的新興聯盟、中國在全球經濟中的重要性，以及二氧化碳排放與氣候變遷。他探討了馬克思主義和社會主義的關鍵概念，包括資本的起源和發展、疏離異化、社會主義與「不自由」，以及資本積累的地理和地緣政治。哈維也談到川普政府解決新自由主義危機的嘗試和失敗，以及組織社會主義替代方案之必要。

眼下是黑暗和危險的日子，非常需要深入分析和認識對我們不利的力量，以及改造社會以滿足所有人需求的富遠見的替代方案。哈維的努力對復興馬克思主義傳統有貢獻，而逾一個世紀以來，馬克思主義一直是革命者的燈塔。本書重新點燃此一傳統，在我們面臨攸關生死的當代迫切鬥爭之際，為我們照亮前路。

作者前言

「反資本主義編年紀事」這個播客節目的構想，源自二〇一八年十一月與Democracy at Work媒體倡議的討論。我感謝Rick Wolff啟動這個計畫，並提供必要的基礎設備，將這些播客內容放到網路上。我也感謝Maria Carnemolla Mania管理這個系列，同時感謝Bryan Isom孜孜不倦地致力於錄製工作，並將內容轉為廣播模式。喬丹・坎普和克里斯・卡魯索後來提議透過Pluto Press出版社，利用播客內容出版一本書，我對此有點意外。起初我不確信這是個好主意，但現在我相信它確實有用，即使只是為了教育目的，尤其是因為當前政治環境充滿挑戰。無論如何，我很樂於支持紐約新成立的人民論壇的倡議，在它幫助下，將我的一些教學義務和藏書轉移到公共領域。我很高興能幫助推出Red Letter系列圖書。開始做播客時，我沒有整體的計畫。我仰賴當前事件、自己和親近的同事和朋友的興趣演變，決定意念的流動。雖然結果可能顯得有點混亂，但喬丹和克里斯高明的編輯，加上編輯組的建議，使這個計畫變得非常像樣。最後，我很感謝克里斯・卡魯索多年來對我的幫助，使我得以將馬克思主義的整體觀帶進反資本主義策略擬定的主流。這個時代是危險的，但也提供了探索新可能性的好機會。

導讀一

如何跟著大衛·哈維「看」到世界危機與未來希望

葉浩（國立政治大學政治系副教授）

若想走出危機，必先清楚掌握時局並看到變革的可能性與希望所在，若想安然地走出危機，則更需穩健地踏在現有局勢當中那些有助於打造未來的條件之上，並試圖將散落的一磚一石連成一條鋪向未來的路。這大抵是英國地理學家大衛·哈維（David Harvey）試著在本書當中達成的事。

哈維在劍橋大學取得地理學博士之後，長年任教於布里斯托、約翰·霍普金斯、牛津、倫敦政經學院等大學，此時則在紐約市立大學擔任傑出人類學與地理學教授。他著有的二十多本專書圍繞在地理學與馬克思兩個主題之上，其中十六本已有中譯。此外，他也是全球最多人引用的二十位人文社會科學學者之一，影響力遍及人文社會科學各領域。著書立說之外，他也與世界各地的社運組織保持聯繫，亦曾來臺參訪過樂生療養院的抗爭活動。《反資本主義編年紀事》（*The Anti-Capitalism Chronicles*）一書是結合學術研究與公共參與的成果，收入的十九篇文章是來自哈維在二〇一八年（八十四歲）和非營利媒體 Democracy at Work 合作的播客節目內容。

就某程度而言，這是一本入門哈維思想體系的小書。許多他獨創的概念都在這裡找到了淺顯易懂的說明。不過，思考不曾停歇的他也在此提出了一些新的洞見。其中最值得注意的是，哈維將矛頭從新自由主義（Neoliberalism）轉向了資本主義本身，認為促成此時世界危機的真正原因其實是追求利潤與市場規模不斷翻倍的複合性成長之資本邏輯，而不僅僅是市場邏輯。

貫穿本書的是哈維底下兩個主張：（一）資本主義造成了兩個亟待人類共同解決的問題，亦即嚴重的社會不平等和自然環境的惡化；（二）資本主義存在內部矛盾，例如財富過度集中於少數人身上，意味著最後愈來愈少人能消費，市場必然跟著萎縮甚至崩潰。據他判斷，這兩件事不但衍生了當今全球性各種社會動盪與政治抗爭，也造成了新自由主義與法西斯主義結盟的怪現象，且如果持續下去，終將會造成嚴重的地緣政治災難與人類集體生存危機。幸而，他在過去幾年的運動當中也看到了走出困境的契機，而關鍵在於左派團體之間能否彼此合作並結合其他的反資本主義力量。換言之，雖然此時的資本主義大到不能倒且內外充滿危機，但危急之中仍然存在希望以及讓我們得以安然過渡到下一階段的條件。

本文旨在提供幾條閱讀線索，希望有利於本地讀者理解哈維如何替世界把脈、診斷並開立處方。而他濃厚的跨學科色彩似乎是一個適當的切入點。

首先，「跨學科」（interdisciplinary）概念其實有兩種截然不同的想像。一種是根植於英國的人文社會科學傳統，其精神可見於牛津在一九一九年開始的高教創舉，規定哲學（philosophy）、政治（politics）、經濟（economics）三個學門在大學階段不可分開專攻。這就是牛津最熱門的PPE學位，且許多國家都有菁英大學跟著效仿。其理念不難理解：政策制定的過程之中，必然涉及許多理念的爭辯，例如，公平、正義、自由、平等、主權、尊嚴乃至真理等概念，無一不是具有多種理解的可能，且整部西方政治哲學史大抵是關於此類核心概念的爭辯與理解變遷；因此，釐清自己在使用這些概念時所指為何，以及如何才能提出一套邏輯連貫的論述來說服他人是一種必要，且這仰賴哲學訓練。另一方面，經濟涉及了國家稅收的制定與社會的財富重新分配，因此也離不開關於公平正義的理論。更何況，缺乏經濟學知識也可能會讓人提出根本不可能兌現的承諾。

另一個想像則來自芝加哥經濟學派。該學派始於一群學者企圖以計量研究方法來反駁劍橋的凱因斯（John Maynard Keynes）關於政府干預市場和公共支出的經濟效益主張，因為那正是旨在救濟窮人與失業人口的「羅斯福新政」之理論基礎。雖然對凱因斯的挑戰並未取得決定性勝利，但芝加哥學派讓量化研究成了社會科學的主流方法，且他們的「經濟人」

（homo economicus）概念也成為大部分學者對人的基本預設。體現於此的跨學科理念，嚴格說是一種「科際整合」的想像，並蘊藏著以經濟學一統社會科學的學術野心。

毫無疑問，哈維是站在英國的跨學科傳統這邊，相信現實不能從單一學門來掌握，且重大議題也不能分類成純經濟或純政治的問題。身為地理學家的他，於是也看到了許多經濟學者忽略的問題，例如，市區的建築明明是工人付出勞力來建造的，但他們卻是最沒機會住在裡面的人；換言之，這裡存在一個馬克思所謂的「異化」問題，亦即勞工無法享受自己的勞動成果。順此，我們也可問，何以偏遠地需的相對弱勢必須花費更高的交通支出到市區工作或使用公共設施？如此一來，許多人們以為是地理學的問題，有了必須討論平等、自由與正義的面向。

閱讀哈維的書寫於是也必須採取跨領域的觀點才能理解。但這種思維對那些習慣說「政治歸政治，經濟歸經濟」的人會是一種挑戰。此外，上述兩種不同的跨學科概念，其實也意味著分別從個人或社會結構角度來思考問題的差異，而本地讀者似乎更傾向前者。

二〇一九年六月，國立臺灣師範大學畢業典禮請了一位設計師校友來分享她的故事並登上了主流媒體版面，「屏東女孩揹百萬學貸勇闖紐約」的標題不脛而走，且許多報導還附加一句她在三十歲後的發現：「世界其實是公平的！」相信多數人會同意此一看法。畢竟，只要市場是自由開放並允許人人善盡自己的天分，那它就是一種尊重自由且公平的社會，而貧富差距不過就是個人關於意願、努力、風險等各種選擇的結果。努力工作並為自己的生活負責，別期待他人的救濟，才是一個獨立自主的人該做的事。

然而看在哈維眼裡，關鍵不在於個人努力與否，而是制度本身是否公平或是否讓某些人享有特定的優勢。換言之，哈維關心的是：市場的遊戲規則怎麼產生？誰在決定？且無論如何，若遊戲規則的制定是掌控在一小群人的手裡，那就有權力不平等與操控的問題存在。這正是他在本書的主張：作為當前資本主義主要模式的「新自由主義」（Neo-liberalism）其實源自相當少數的菁英所制定來讓他們自己累積更多財富的階級計畫。哈維曾在他最暢銷的《新自由主義簡史》（*A Brief History of Neoliberalism*, 2005）書中揭露該計畫的其中一個方案之執行，也就是在一九六八那年資本家如何與學界共謀替原本設置五個領域的諾貝爾獎增添了經濟學獎，並藉此主導了海耶克（Friedrich von Hayek）與傅利曼（Milton Friedman）兩人的獲獎。如果我們把理論的競爭當作一種自由市場的思想競爭，那以諾貝爾獎桂冠替支撐新自由主義的芝加哥學派增添學術光環，當然不公平。但更重要的是，此舉不過是讓該學派影響力遍及整個美國政界，從而主導美國外交政策的一個小手段，而他們真正要的是在全球進行掠奪式的財富累積。本書也在第一章開頭便描繪了智利如何在一九七三年由軍方與留美回來的「芝加哥男孩」（Chicago Boys）一起將新自由主義經濟模式強加於該國。政治就是拚經濟，拚經濟就是拚GDP，無論是透過引進外資或讓國內企業出走尋求廉價勞工，最後就是掏空自己國家的經濟基底，而且向來不顧經濟成長究竟是讓誰獲利？或果實最終分配到哪裡？換言之，無論在國內或全球的範圍，新自由主義其實未曾讓市場真正的自由過。

與筆者年齡相仿或年長一些的讀者，相信能立刻回想起當年政府怎麼讓原本的國有企業民營化，而出走中國的在地與跨國企業又如何將資金帶走，把失業人口留下。或許有人還能憶起臺灣曾經有過一段鎖國時期，當時中山獎學金是政府為黨國舉才的主要方式，而那正是芝加哥學派的全盛時期。這似乎也能解釋何以國內談及跨學科時總是以科際整合為主要想像，甚至認為唯有採取量化方式進行的研究才能稱得上社會科學。另一方面，社會上在充斥著各種類似「政治歸政治，經濟歸經濟」的說法同時，卻總是把拚經濟當作政府第一要務。換言之，經濟視角早已成為人們看待政治的方式。雖然民主化以前不能談政治的威權遺緒可能還在，但本地的「芝加哥男孩」肯定也發揮著不少力量。

置於上述國內脈絡，哈維的論點和我們社會的主流思維似乎彼此扞格甚至互相挑戰。但筆者以為這正是本書值得廣泛閱讀的理由。只不過，此時也必需指出，社會科學終究不是自然科學，有時候兩相對立的典範可以同時存在，誰也不能徹底推翻誰。事實上，即使芝加哥學派如此稱霸，凱因斯主義也未曾絕跡，甚至每每世界遭逢經濟危機的時候就會以救主姿態回歸。更重要的是，芝加哥學派其實是一種可自我實現的預言，但哈維採取馬克思主義觀點的論述，卻常常指向一種尚未實現的預言。

進一步解釋，首先，芝加哥學派總能將包括友情、親情、愛情在內的各種社會關係，重新詮釋成交易或互惠機制的運作，讓一切人際互動皆以市場邏輯為依歸。這種經濟視角不但對許多人來說具有強大說服力，且能讓信者恆信，根本沒有駁倒的機會。一來，正如當某人被認定是自私自利，就算他跳進河裡救人，也會被理解成沽名釣譽，是為了自己。二來，相信芝加哥學派的人其實可以秉持其假設而活，把婚姻、愛情、事業等全都當作一種交易，讓市場邏輯徹底運作於生命的每一方面，也就是把它活成真理。

反之，哈維的主張卻難以如此。一方面，他眼中鐵錚錚事實本身並不會說話，更遑論說馬克思的語言。的確，在上述那一場在師大的勵志演講之前幾個月，國際非政府組織樂施會（Oxfam）也公布了一份數據，指出當時全球最有錢的二十六個人所擁有等同於全球相對貧窮的百分之五十人口之財富總和。此外，即使是美國也有略微超過百分之十一，亦即超過三千五百萬人的生活於所得不足以溫飽的處境之中。但這事實本身不足以讓人「看」到哪裡有錯，揹百萬學貸勇闖紐約的講者甚至有理由認為這世界是公平的。同理，環境再怎麼惡化，對那些不關心下個世代乃至未出生世代的人而言，根本也不會構成問題。換言之，唯有事先接受市場本身並不公平以及未來世代值得我們關心的預設，才能跟著哈維「看」到問題所在。

另一方面，本書指出的資本主義內在矛盾，或許對那些享受當下且認為我消費故我存在的人而言，也只是一個遙遠到可以無動於衷的未來預言。不過，全民健保是一種典型的中央偏左社會福利制度，但大學經濟系卻一面倒使用倡議社會保險的美國新自由主義教課書，倒是一個國內特有的體制內在矛盾，值得商榷。

最後，雖然筆者能理解哈維在許多抗爭運動之中看到不同黨派的合作可能，並據此主張左派團體應當協商出一條出路來共同對抗資本主義。然而太陽花運動也曾經是幾十年來首見，能聚集國內所有不同單一倡議團體的大型集會，但運動結束之後大家似乎又回到了為了生存而競爭募款的日常。換言之，哈維看到的希望其實考驗著各自懷抱特定理念的倡議團體能否「看」到超越自身理念之外的其他重要價值，且那必須是高過利益互惠與共創雙贏之上的價值才能對抗市場邏輯，例如代間正義、人性尊嚴、族群平等、人類解放、人與自然的和諧等值得人類共同追求的理想。

事實上，這些理念也都是哈維從一九七一年起幾乎年年會開的「閱讀《資本論》」課程中必然碰觸的議題，且本書的許多想法都有來自對該書核心概念的重新詮釋與應用。不同於那些期待資本主義一夕垮臺的革命家們，哈維是一位格外看重理念的力量而不非固守物質主義教條的馬克思主義者，也深知唯有不斷賦予《資本論》一書的核心概念更符合當前歷史脈絡的理解並以深入淺出的方式廣傳，才不至於讓馬克思主義淪為一種詮釋世界的方式，而是改變世界的一股力量！

導讀二

萬毓澤（國立中山大學社會學系教授）

哈維將二〇一九年全球爆發的社會抗爭（包括臺灣讀者比較熟悉的香港反修例運動）當成本書的出發點。這些抗爭各有不同的觸發因素，但背後的共通點往往是經濟與民主治理同時失靈：一般人的經濟生活困頓，而又無力透過政治矯治弊病。從較長期的眼光來看，這些抗爭可說是近三十年來「反全球化運動」（更準確的說法或許是「另類全球化運動」或「全球正義運動」）的延續與回聲。

體制失靈，究竟問題出在哪裡？哈維身為馬克思主義者，第一章便開宗明義指出「問題在於資本主義，而不是資本主義的新自由主義模式」。但他也指出，當前的資本主義已與馬克思的時代大相逕庭。如今，資本深入世界每一個角落，「涉入日常生活的再生產太深而不容失靈」，換言之，資本「大到不能倒」。但這不表示我們不再能思考資本主義以外的出路，而是要拋棄「一夜之間摧毀資本主義，並在廢墟上立即建立某種不同的東西」的幻想。革命不是驟然爆發的某種「事件」，而必然是漫長蜿蜒的過程。這本書就是希望捕捉過程中冒現的點點星火。

第二章及第三章精簡重述了哈維對新自由主義的分析：新自由主義是一九七〇年代英美政商菁英發動的一場政治經濟計畫，旨在遏制工會的勢力、擴大菁英階級的政治經濟權力，並促成金融部門與金融資產階級的大幅增長。由於工資受到壓抑，商品出售會遇到困難，出現馬克思在《資本論》第二卷討論的剩餘價值「實現」的危機，而這是新自由主義的主要矛盾之一。克服矛盾的方式，則是擴張市場（更多國家進入全球資本主義體系）與擴張信貸（鼓勵借貸以維持消費水準），但不斷堆疊的債務卻又導致了二〇〇七至二〇〇八年的全球金融危機，以及後來的「占領華爾街」運動。由於全球金融危機嚴重打擊了新自由主義，政商菁英必須設法為新自由主義重新建構正當性，例如川普一方面解除對資本的某些限制（如允許在阿拉斯加的北極圈保護區開採石油），一方面又運用民族主義和反移民的修辭，發動關稅戰、反對自由貿易。哈維認為，這反映了資產階級內部的歧異與分裂，也意謂當前的新自由主義體制並不穩定，甚至有與新法西斯主義進行政治結盟的趨勢。哈維提出了警告：「商界繼續在政治上支持右翼政策，但如果它無法再延用過去的做法（在一九八〇和一九九〇年代是利用傳統的新自由主義手段，隨後是支持二〇〇〇年代崛起的威權政治），它似乎已經準備好支持新法西斯主義政治」（見第五章）。

第四章簡要分析了資本主義金融化的過程及後果。哈維強調，信貸體系當然有建設性的、不可或缺的一面，但也有瘋狂投機的一面，而新自由主義下的金融投機（如炒作土地與房產）則惡化了社會不平等，並使許多人負債累累，一輩子活在借貸與還債的循環之中。由於這是一本較通俗的著作，哈維的分析只是點到為止，難免犧牲了歷史細節與理論深度。也因此，這本書值得與其他若干學術著作交互參照，例如歷史社會學者Greta R. Krippner的*Capitalizing on Crisis: The Political Origins of The Rise of Finance*（二〇一二）深入耙梳了資本主義金融化的政治根源；而Maurizio Lazzarato等學者對新自由主義下的「負債人」（拉丁文：*homo debitor*；英文：indebted man）亦有精采的討論。

第六章〈社會主義與自由〉相當精采。就我所知，哈維過去較少討論這類政治哲學的問題。分析這個問題的出發點是指出「右派已經成功地將自由的概念據為己有，並把它當成階級鬥爭的武器」，而左翼應該重新爭奪「自由」的論述權，把「實現個人自主和自由」視為「社會主義解放計畫」的一部分，也應嚴肅看待「信仰自由、言論自由、集會自由、結社自由，以及選擇自身工作的自由」等伴隨市場經濟而生的自由。由於右派幾乎完全從「消費者在市場中的選擇自由」的角度來理解「自由」，第十章〈消費選擇受損〉提出了一個有意義的問題：消費者究竟在消費選擇上享有多大的自主權？在多大程度上其實已經淪為「資本主義消費生產機器的附屬物」？這個問題當然還可以結合歷史面向來思考：第十一章〈原始積累〉、第十二章〈剝奪式積累〉都指出，資本主義的發展帶來的不是自由的福音，而是大眾被剝奪的歷史。這段歷程，如馬克思所言，「是用血和火的文字載入人類編年史的」，而哈維則在許多著作中一再指出，這種暴力、剝奪和驅逐不只是資本主義的「起源」，而是周而復始的現象，始終與我們同在；而且當代金融地產資本主義進行「剝奪式積累」的手段更靈活多變，從大規模的驅離租客，到地產商的圈地開發，再到非洲和拉美於今為烈的「搶占土地」（land grabbing），都是哈維指出的「已經積累的財富被某些資本部門在完全不考慮投資於生產的情況下據為己有或竊取」。

回到第六章的核心主題。對熟悉馬克思主義傳統的人而言，「社會主義與（個人）自由並不相悖」當然不是新鮮的說法，畢竟《共產黨宣言》早就揭櫫「每個人的自由發展是一切人的自由發展的條件」；馬克思和恩格斯投入的共產主義者同盟於一八四七年九月出版的機關刊物《共產主義雜誌》（*Kommunistische Zeitschrift*）也在發刊詞中說：「現代無產者的目的……是要建立一個使每個人都能自由而幸福地生活的社會。……誠然，有這樣一些共產主義者，他們只圖省便，認為個人自由有礙於和諧，主張否定和取消個人自由。但是，我們不願意拿自由去換取平等。」此外，哈維也指出，革命意謂「勞工的自我解放」、「動員集體行動以實現個人自由」、「真正的個人自主、自由和解放」（第十九章〈以集體方式應對集體困境〉）。關於自由，本書主要援引的理論資源是博蘭尼（Karl Polanyi）。除了博蘭尼外，我認為日本政治思想學者藤井一行（一九三三—二〇一五）於一九七六年出版的《社會主義與自由》至今仍深有啟發，可供讀者深入研究。哈維自己則特別重視「自由、閒暇、真正自由的時間」、「個性的自由發展」，並提出了接近 Amartya Sen 式的「能力取徑」（capability approach）的說法，主張真正的自由意謂「我們每一個人都有足夠的人生機會和生活可能性去實現自己的潛力。」讀者可參考 David Leopold 的 “Karl Marx and the Capabilities Approach”（收入 *The Cambridge Handbook of the Capability Approach*）等論文來深化這個理念，並思考兩個問題：首先，我們是否同意「自動化或人工智慧之類的技術興起，為勞動的解放創造了條件和可能性」（第十九章）？如果同意，什麼樣的集體行動能夠將這種可能性轉化為現實？

第八章〈資本主義的地緣政治〉值得關注帝國主義問題的讀者留意。哈維延續了他一貫的分析觀點：有兩種支配性的權力邏輯，一種是以國家機構、主權、軍事為基礎的領土邏輯（其根源可追溯至一六四八年的《威斯特伐利亞條約》），另一種是以私人資本的競爭性積累為基礎的資本主義邏輯。這兩種邏輯無法相互化約，但有密切的互動。由於部分馬克思主義者習慣把焦點擺在資本主義邏輯，未能充分關注領土邏輯，因此哈維的觀點有其價值。至於如何將其落實到經驗研究，並藉此分析帝國主義的動態發展，仍有不少爭議（可參考 John Smith、Utsa Patnaik and Prabhat Patnaik 等人對哈維的批評；哈維本人的《新帝國主義》則有相對完整的討論），但本書對中國「一帶一路」計畫的簡要分析還是值得一讀，當然也值得與諸多相關研究做比較，如李靜君的 *The Specter of Global China*（二〇一七）就指出中國投資海外的國家資本遵循的並不是利潤最大化的邏輯，而是一種涵蓋了提升政治與外交影響力、獲取戰略資源等多面向的「涵納式積累」（encompassing accumulation）（從哈維的角度來看，或許便可視為領土邏輯與資本邏輯交互作用的表現）。

本書有些章節可以相互搭配閱讀，例如第一章〈全球動盪〉、第九章〈成長症候群〉、第十章〈消費選擇受損〉、第十四章〈碳排放與氣候變遷〉都談到了經濟增長及碳排放的「量」與「變化率」的問題，並呼籲讀者更重視「量」（或規模）的因素：永無休止的經濟「複合成長」（意謂更多需要投資機會的資本、更多需要消化的流通商品、更多的資源開採、更多的經濟開發與生產、更多的碳排放與廢棄物……）必然使環境不堪負荷、導致災難。讀者若對這類討論感興趣，除了參考與「生態馬克思主義」以及「去增長」（法文：*décroissance*；英文：degrowth）運動有關的文獻外，一定要閱讀本書第十八章〈冠狀病毒瘟疫時期的反資本主義政治〉。在消費面，哈維說：「經此一疫，人們如果對不顧後果和無意義的過度消費變得沒那麼有興趣，我們或許可以得到一些長期的好處」；在經濟的組織與生產面，他則雄辯地追問：

> 我們是否只是希望那兩千六百萬人恢復就業，就此擺脫這場危機，哪怕許多人將回去做一些很爛的工作？這是我們想要的脫困方式嗎？抑或我們應該想想：是否有某種方式可

以組織基本商品和服務的生產，以便人人都有東西吃，人人都有體面的地方住，而且我們暫停任何形式的驅逐，以便人人都可以免租金居住？換句話說，這難道不就是我們可以真的認真思考建立另一種社會的時候嗎？……為什麼我們不利用目前正崩潰的資產階級社會所富有的有用東西（其驚人的科學、技術和生產能力），並解放人工智慧、技術變革和組織形式的有用面向，從而真的創造出一種與舊秩序根本不同的新秩序？

本書還有些章節與比較「傳統」的馬克思主義經濟學與社會學有關，如第十三章〈生產與實現〉討論了當代勞動者工作與階級性質的變化（主要以航空業為例），以及開展新的階級政治的可能性。第十五章〈剩餘價值率和剩餘價值量〉則指出，一九八〇年代以後，運輸與通訊成本大幅降低，資本的流動能力大幅提高，使《資本論》第三卷提出的「利潤率平均化」趨勢逐漸成為現實，而這種平均化的力量又將價值從勞力密集的經濟體轉移到資本密集的經濟體，導致財富和權力的不均衡地理發展。第十六章〈疏離異化〉、第十七章〈工作上的疏離異化〉簡要討論了馬克思的「異化」理論及一個重要的關廠案例（通用汽車的洛茲敦廠），並指出普遍的疏離感、無意義感使「隱藏的憤怒變得明顯，一點火花就能觸發暴亂，產生大量的無組織暴力」；他還寫道：「洛茲敦所在的俄亥俄州是鴉片類藥物氾濫的地方，而問題的根源是失業、喪失身分認同和意義，以及，沒錯，日益加深的疏離異化。」哈維在理論層次的討論雖然沒有太多新意，但我同意他的論點：「異化」並不是馬克思早期著作（尤其是《一八四四年經濟學哲學手稿》）的專利，只要細讀《資本論》，就可以找到從「對資本積累的科學理解」的角度闡釋的異化。換言之，馬克思不曾經歷阿圖塞（Louis Althusser）所謂的「認識論的斷裂」。

本書是哈維著作中較淺顯的一本，但涵蓋相當廣泛，現實感也很強。我在有限的篇幅內概述了本書內容，並補充了值得深入探索的議題及文獻，希望對讀者有幫助。

第一章　全球動盪

二〇一九年秋，政治鬥爭在世界各地大規模爆發，從聖地牙哥到貝魯特、巴格達、德黑蘭、巴黎、基多、香港，以至印度、阿爾及利亞和蘇丹都未能倖免；由此看來，世界確實有長期的弊病未解。問題某程度上可追溯至民主治理的缺點，以及大眾對主流政治實踐的普遍疏離。常有人抱怨的另一點，是主流經濟模式失靈；這種模式本應為我們提供收入足夠生活的工作，使我們負擔得起衣食住行，有手機和汽車可以使用，同時提供醫療、教育、房屋和交通方面的一系列集體服務，確保日常生活品質達到令人滿意的合理水準。

無論是就問題的性質還是問題在政治上得到處理的典型方式而言，智利最近的事件看來都具有代表性。我長期關注智利，是因為早在一九七三年，智利成為新自由主義轉向的先行者之一：那一年，皮諾契特將軍藉由軍事政變推翻民選的社會主義總統阿葉德（Salvador Allende），隨後起用「芝加哥男孩」（Chicago Boys）經濟學家，由他們將新自由主義經濟模式強加於智利。二〇一九年十月初，保守派商人出身的智利總統皮涅拉（Miguel Juan Sebastián Piñera Echenique）接受《金融時報》訪問時，將智利描述為成長穩健、經濟強勁、經濟指標出色的「綠洲」。他斷言智利狀況極佳，是拉丁美洲其他國家的典範。但大約三週後，智利發生嚴重暴動的消息登上新聞版面。最初的問題是地鐵票價調漲。高中生走上街頭抗議，一如他們二〇〇六年所做的那樣。皮涅拉在一家舒適的高級餐廳矢言遏制鬧事者無法無天的暴行。這等同鼓勵警察動用暴力鎮壓民憤，而警方也確實這麼做。結果更多人加入抗議，反對警方的做法。一些地鐵站和三座教堂遭焚毀。超市受到攻擊。政府宣布國家進入緊急狀態。當局出動軍隊，結果很快就有數以百萬計的民眾和平地抗議一切，包括政府出動軍隊（自從智利結束獨裁統治以來，軍隊不曾出現在該國街頭）。皮涅拉後知後覺，終於認識到他必須傾聽民意和有所作為。他增加養老金和社會保險給付，並提高最低工資。他取消緊急狀態，並要求安全部隊撤退。智利民眾要求制定新憲法。現行的新自由主義憲法是軍事獨裁時期制定的，它要求養老金、醫療和教育等體系私營化。各方最終同意憲法需要修訂。有關如何修憲的公投原訂於二〇二〇年四月舉行，後來因為冠狀病毒大流行而延後。一種令人不安的平靜降臨智利。

智利的情況不是孤立事件。在此之前，厄瓜多發生了類似的事。國際貨幣基金組織（IMF）要求該國進行結構調整，政府為此必須開徵新稅和取消燃料補貼。這引發了大規模的抗議。早就付諸行動的土著集體向首都基多進發，使人想起一九九〇年代和此前造就社會主義者科雷亞（Rafael Correa）上臺的抗議活動。因為抗議活動聲勢浩大，厄瓜多政府撤至瓜亞基爾（Guayaquil），基多落入抗議者手上。取名列寧（Lenin）的莫雷諾總統最終取消IMF計畫，回到基多進行談判。

二〇一九年秋智利和厄瓜多陷入動盪，而玻利維亞也出現紛爭，雖然方向截然不同。在有組織的街頭示威支持下，強大的右翼勢力指控總統莫拉萊斯（Juan Evo Morales Ayma）操縱選舉結果圖利自己。在軍方的「堅持」下，莫拉萊斯及其政府官員逃離玻利維亞尋求庇護。玻國街頭出現群眾運動，對立的群體發生衝突。該國在動盪中等待六月重新選舉（現已延後），但莫拉萊斯被禁止參選（一如巴西的魯拉〔Luiz Inácio Lula da Silva〕，他在波索納洛當選總統前被禁止參選）。

在世界的另一邊，黎巴嫩也陷於動盪。失意的年輕人一再走上街頭，參與大規模的反政府抗議運動。同樣的事情也發生在伊拉克巴格達，但這裡已經有兩、三百人在大規模的示威中被殺；示威主要源自政治上已被忽視多年的巴格達低收入貧困地區。類似的事也發生在德黑蘭。在法國，黃背心抗議運動已經持續超過一年（雖然強度有所減弱），最近與反對養老金改革的反政府抗議混合，導致巴黎和其他主要城市封城數天。

世界各地都出現公民抗議活動。如果我們乘坐太空船眺望地球，而發生抗議活動的地方都閃爍紅光，我們幾乎一定會斷定世界正陷於徹底的動盪之中。一波勞工抗議潮也達到了高潮。例如在美國，教師罷工（許多行動是非正式的）近年在最令人意想不到的地方激增，二〇一九年九月在芝加哥達到高潮。孟加拉和印度也發生了一些大罷工，而中國也出現一些大型勞工運動（雖然難以探查追蹤）。

那麼，這些抗議都是為了什麼？它們有什麼共同點？每個地方的抗議都關注一系列的特定議題。它們的共同點似乎是：人們意識到經濟運作並沒有兌現它對大眾的承諾，而政治運作則是扭曲和偏袒超級有錢人的。現行體制或許對最富有的百分之一或百分之十人有利，但並不照顧大眾的利益，而大眾正在意識到此一事實，並且走上街頭抗議，直指這種政治經濟模式沒有回應我們的基本需求。

在智利，頂層的百分之一人控制了全國約三分之一的財富。同樣的問題幾乎出現在所有地方。不平等加劇似乎是問題的根源，深受其害的因此不僅是低下階級，中產階級也未能倖免。經濟運作出現了什麼問題？事實上，伊朗、厄瓜多和智利這幾個例子都有類似的觸發因素，那就是燃料價格和交通費用上漲。對多數人來說，在城市裡出行至為重要，出行成本因此至關緊要。如果出行成本變得高不可攀，低收入群體會受到特別嚴重的打擊。大眾因此對交通費用和燃料成本上漲非常敏感。

有趣的是觸發因素如何普遍化和系統化。抗議最初可能是基於交通費用和食物價格上漲，有時也可能與城市服務和可負擔的房屋不足有關。這往往是抗議活動最初的經濟基礎，但抗議極少停留在這種階段，往往很快就擴散和普遍化。針對這現象有兩種思路。第一種是把問題歸咎於資本積累的特殊形式，例如新自由主義。它認為問題不在於資本主義本身，而是在於資本主義的新自由主義形式。目前企業界甚至可能有人認同這種想法，並願意考慮改革。近年一些商業團體已經認識到，它們之前過度重視效率和利潤，如今必須處理它們的行為對社會和環境的影響。根據這種思路，我們在新自由主義模式下走到了當前境地，但我們已經受夠了這種模式，應該轉型至一種基礎較廣闊的資本積累模式；我們需要一種對社會比較負責和比較公平的「良心資本主義」。這種思路承認，抗議活動的普遍主題之一是反對社會不平等日趨嚴重，而這是必須處理的問題。資本體制的新自由主義形式是問題所在。

在智利，這種想法非常明確，因為該國的抗議和暴力之所以平息，是因為總統和國會共同決定，國家必須舉行公投，以決定如何設計新憲法以取代現行的新自由主義憲法。

雖然資本主義的新自由主義形式確實有一些亟待糾正的嚴重問題，我不認為新自由主義是關鍵問題。首先，在世上某些地方，新自由主義並不居主導地位，但當地的經濟模式同樣未能照顧大眾的利益。簡而言之，問題在於資本主義，而不是資本主義的新自由主義模式。我想我們如今正開始意識到，這很可能正是我們面對的根本問題。

當前的抗議潮並沒有展現什麼新東西。過去三十年裡，我們已經目睹許多抗議運動，當中很多聚焦於日常生活品質惡化的問題，尤其是在城市地區（雖然並非僅限於城市地區）。雖然也有勞工抗議，但我們清楚看到，多數真正的大規模運動是以城市為基礎，而且相對於傳統上支撐反資本主義鬥爭和反資本主義理論建構的無產階級和勞工階級鬥爭，這些運動按照不同的邏輯發展，仰賴不同的階級和社會成分賦予活力。

例如，二〇一三年在土耳其，有人抗議以購物中心取代伊斯坦堡市中心蓋齊公園（Gezi Park）的提議。隨後就出現太常發生的一系列事件。在總統艾爾段（Recep Tayyip Erdogan）

的命令下，警方動用暴力攻擊抗議者。更多人上街抗議警方的暴力。大規模的抗議活動很快就不再僅限於伊斯坦堡，而是蔓延至土耳其所有的主要城市。全國的大規模抗議持續了很久，民眾抗議當局忽視公眾諮詢或民主治理，影響持續至今。

同樣的事情數週後發生在巴西。公共汽車票價調漲引發聖保羅學生上街抗議。在聖保羅州州長（而不是聖保羅市長）的命令下，警方動用暴力鎮壓學生抗議運動，立即導致大量民眾出動保護學生（當中一些是「黑群」無政府主義者組織的）。抗議活動很快像野火一樣蔓延至巴西一百多個城市。在里約熱內盧，大型抗議持續了數日數夜。抗議的標的遠遠超出交通問題。民眾對世界盃足球賽和奧運會必須耗費巨資興建新場館和基礎設施和當中涉及的腐敗憤怒不已，許多人因此上街抗議。巴西人並非不愛足球，他們不滿的是政府花那麼多錢在那些基礎設施上，但沒有錢可以花在醫院、學校，以及改善日常生活品質所需要的東西上。

類似的群眾動員如今已經有頗長的歷史。這些動員一般不會持續那麼久。多數群眾動員是在毫無徵兆下發生，然後平息並被人遺忘，然後再度爆發。過去三十年裡，一再發生的群眾動員不斷增加。這一切可能始於反全球化運動，當年在西雅圖舉行的世界貿易組織會議因此被擾亂。在當局的意料之外，各方人馬忽然來到西雅圖抗議，導致世貿組織會議的代表無法前往開會的場所。之後有一整段時期，二十國集團、八國集團、IMF或世界銀行的每一次會議都引來大量抗議者。然後二〇一一年發生了占領華爾街運動，以及世界各地的模仿行動。我們一再看到這些形形色色的群眾運動，而它們多數產生傳染效應。世界某一地區的抗議活動激發了截然不同的另一地區的抗議。

不過，諸如此類的抗議即使不時捲土重來，但全都未能持久。它們也往往非常零散。許多不同的團體參與其中，但很少一起協調行動，儘管他們都參加相同的街頭運動。但這種情況如今可能正在改變。以黎巴嫩為例，當地有漫長和慘烈的衝突與內戰歷史，主要是不同的宗教派別和宗教團體互相發動的。但現在（二〇一九年），黎巴嫩所有宗教派別許多許多年來首次走到一起（尤其是經濟前景非常黯淡的年輕人），開始一起抗議當地腐敗、專制、寡頭的治理方式，尤其是年輕人完全欠缺經濟機會的問題。換句話說，所有人都同意，無論他們屬於什麼宗教派別，國家的政治經濟模式行不通，必須有一些根本的改變，而不同的宗教派別必須協商出改革方案。有史以來第一次，對立的不同派別聚集在一起，彼此對話，抗議國家的政治經濟模式，並要求創造替代方案（雖然具體應該如何改革至今仍不清楚）。

波索納洛當選巴西總統後，我在該國親身經歷了類似的情況。波索納洛領導的是一個非常右翼、威權和基督教福音派的政府，雖然他致力於新自由主義化。巴西有數個左派反對黨。之前執政的工黨是當中的大黨，但也有幾個零散的左派政黨，各有一定的政治代表性。每一個政黨都有自己的智庫，由國家提供資助。只要你在議會裡有席位，國家就會給你一些錢，成立智庫從事政策研究。巴西有六個左派政黨，過去它們之間的溝通並不好。事實上，它們經常激烈對立。但我二〇一九年春訪問巴西時，六個左派政黨齊聚一堂，針對政治形勢展開為期一週的反思。一週結束時，它們共同舉行群眾集會，所有政治領袖都出集並發表演講，在台上互相擁抱；人們忽然間看到這種可能：所有左派人士可以一種前所未有的方式攜手合作。我想智利的情況也一樣。當地不同的左派派系實際上已經聚集在一起，開始討論創立新憲法的可能。

因此，世界各地政治上的右傾或許正激發左派的合作風氣。或許這一次真的有些不一樣。或許最近的動員可以制度化和組織化以產生持久力。動員與組織有巨大的差別。過去三十年裡，我們見證了近乎瞬間動員的驚人能力，某程度上當然是拜社群媒體所賜。即使在美國，我們也看到許多大規模的動員，包括婦女遊行、移民權利抗議、「黑人的命也是命」（Black Lives Matter）、「我也是」（Me-Too）等等。動員的效果非常壯觀。但它們似乎欠缺長期的組織。我們現在看到的，可能是所有覺得基本經濟模式有問題的人開始走到一起；這種模式必須根本改變，以便為廣大民眾提供醫療、福利、教育、養老和其他方面的良好服務，而不是為最富有的百分之一或百分之十提供強勁的經濟成長和巨大的經濟利益。

我一直努力思考這當中的涵義：現行資本運作方式是否有某種真的必須處理的核心矛盾？若是，這個核心矛盾是什麼？一個明顯的嚴重問題是社會不平等的程度。過去三十年間，世上幾乎每一個國家都遇到社會不平等加劇的問題。很多人覺得社會已經變得過度不平等，因此必須有某種運動致力加以糾正，使大眾獲得更好的公共財和公共服務。這是一個問題。

第二個問題是氣候變遷和較普遍的環境退化問題。我們知道，氣候變遷已經去到人類必須採取某種集體應對措施的地步。如今世界各地越來越多人清楚認識到這一點。美國海洋暨大氣總署提供的過去八十萬年大氣中二氧化碳含量的圖表已經廣為流傳，其政治涵義也已得到大量討論。社會不平等和環境退化的問題相當嚴重，而且看來難以解決。但我們也有其他理由認為，資本不但在其發展軌跡中變得越來越不合理和不公平，而且還是野蠻的，甚至是自毀的。果真如此，我們顯然必須以另一種經濟秩序取代資本。正如當年馬克思對恩格斯（Friedrich Engels）和工廠視察員的報告所揭露的英國工廠普遍情況感到憤怒，認為那種情況不人道和完全不可接受，我們現在也可以檢視孟加拉或中國的工廠情況，得出「文明世界絕不應該以這種方式組織其生產」的結論。但是，既然既有技術可以支持其他生產方式，為什麼資本還要繼續以這種方式組織生產？

現在還有一個額外因素，它是當年馬克思沒有處理的，但如今已變得至關重要。資本總是追求成長：它必須如此，因為它的生命力源自追求利潤。健康的資本主義經濟是人人都有正利潤的經濟，這意味著一天結束時價值必須有所增加。在競爭的「強制法則」驅使下，一天結束時的剩餘價值被用來創造更多價值。資本主義的成長是複合成長，而複合成長如今已成為問題。全球經濟的規模大約每二十五年擴大一倍。

在馬克思的時代，經濟規模二十五年擴大一倍並不真正構成問題。但現在已經不是這樣了。一九五〇年經濟產出規模為四兆美元，二〇〇〇年時已成長至四十兆美元，現在已增至八十兆美元（固定以一九九〇年幣值衡量）。根據資本的運動規律，這種情況必須持續下去，而這意味著經濟產出規模在二〇五〇年之前將達到一百六十兆美元，在二〇七五年之前達到三百二十兆美元，本世紀末之前達到六百四十兆美元。這就是複合成長的作用。它挑戰所有的障礙和限制，即使它本身似乎就假定它那種無止境的螺旋式成長是不可能實現的。

馬克思曾引用派思（Richard Price）的說法，一七七二年派思寫過一本關於複利的小冊子。根據派思的計算，如果你在耶穌誕生時拿出一便士投資，每年複利百分之五，則到了一七七二年，這筆投資的價值等同一百五十個地球的實心黃金。但如果那一便士只是產生單利，則到了一七七二年，投資的價值將只有七先令多一些。馬克思強調，長期複利是不可能的。但是，資本抽象的運動規律要求資本不受限制地無止境積累。當年馬克思撰寫他的著作時，這種複合成長可能遇到它無法克服的極限尚未成為一個可見的問題。馬克思可能認為，資本可以存活那麼久是無法想像的事。自一九七〇年以來，全球貨幣供給和全球信用貨幣的指數型成長證實了基本的複合成長軌跡，也證實了在資本的統治下，全球市場之中的生產、分配、消費和價值實現因此面臨的關鍵問題。資本如今確實很難為現有的八十兆美元（大部分鎖住在投資基金中）找到有利可圖的投資機會。而如果找到這種機會，它必須盡可能充分剝削大量勞工，越多越好，以便以貨幣形式大規模創造交換價值。貨幣資本投資在哪裡、如何投資才有利可圖是個關鍵問題，尤其是因為只有一種資本可以無限積累，那就是貨幣資本。如果沒有一個世界政府介入，或至少世界上不同政府之間以某種方式有效地協調，則成功利用巨額投資資金處理環境退化和社會不平等這兩個關鍵問題的可能性幾乎是零。

世界貨幣供給受黃金限制時，是不可能無限積累的。黃金的數量有限，而且多數黃金已經被開採出來。但隨著一九七一年金本位貨幣制度終止，世界貨幣供給獲得解放，不再受限於以前的黃金基礎。貨幣供給此後出現驚人的成長，供給規模完全掌控在世界各國央行手上，而當中影響力最大的是美國聯邦準備理事會，因為美元是全球儲備貨幣，而且國際交易合約多數以美元計價。我們遇到經濟困難時，聯準會就增加發行貨幣，流通的貨幣量增加，複合成長的壓力加重。問題是這些錢要做什麼，如何投資獲利？我們已經看到全球經濟藉由各種調整處理這個問題。例如我們必須面對馬克思所講的實現問題：這些錢到底應該如何再投資，才能找到一個市場產生更多利潤？這些利潤將來自哪裡？而這又如何有助解決社會和環境問題？雖然主流政治經濟模式失靈顯而易見，而且政治抗議如今正激增，目前沒什麼人在思考那些根本問題可以如何在全球資本主義經濟現行管理框架之內或之外有效處理。全球經濟中正浮現的嚴重失衡，迫切要求我們以重大調整因應。但銅板的另一面是：資本因為太大和太畸形而無法存活。它不可能以目前的形式按照目前的成長軌跡生存下去。一方面，我們不能沒有它，但另一方面，它正走向自毀。這是我們的核心難題。

資本主義制度中有許多矛盾，當中有些比較突出。令人難以置信的階級和社會不平等，以及瀕臨崩潰的環境狀況顯然是必須優先處理的問題。但我們也面臨「大到不能倒、畸形到無法存活」的矛盾。若不處理這個根本的矛盾，社會不平等和環境退化問題都將無法解決。社會主義和反資本主義計畫將必須協商出一條刀刃般的路徑，一方面保護體制中為人類服務以及看來因為太大和太基礎而不容失靈的東西，同時面對這個事實：資本體制正變得畸形到無法存活，除非是觸發嚴重的地緣政治衝突，但這種衝突很可能將眼下已肆虐世界的無數小型戰爭和內部鬥爭變成一場全球大災難。

這就是問題的核心。在馬克思的時代，如果資本主義突然崩潰，世界上多數人仍將能夠養活自己和繁衍後代。他們在所住的地區大致上能夠自給自足，可以取得生活和繁衍所需要的各種東西。無論全球經濟和全球市場發生什麼事，他們的餐桌上還是會有東西可吃。如今在世上許多地方，情況已不再是這樣。在美國、歐洲大部分地區和日本，多數人越來越依賴資本流通提供食物，而中國、印度、印尼和拉丁美洲也越來越是這樣。在馬克思的時代，可能有百分之十的全球人口容易受資本流通中斷打擊，而容易受饑荒、旱災、流行病和其他環境問題傷害的人則多得多。一八四八年的歐洲資本主義危機，一方面是因為作物歉收，另一方面是因為鐵路融資投機潮崩盤。在此之後，世界市場中的資本運作基本上消除了所謂自然原因造成饑荒的可能。如果出現饑荒，根本原因（而非直接的觸發因素）總是可以追溯至資本主義治理和分配的社會與政治制度失靈。現在世界上多數人都依賴資本流通取得和確保糧食供給，獲得維持日常生活所需要的燃料和能源，以及維持複雜的結構和通訊設備，以便協調基本生產需求。

資本如今可能因為涉入日常生活的再生產太深而不容失靈。資本流通如果大規模和長時間中斷，經濟後果、社會衝擊和代價將是災難性的，而且可能危及世上相當一部分人的性命。安地斯山區的土著和農民無疑可以維持不錯的生活，但如果資本流通長期中斷，世界上或許有三分之二的人口將在數週內面臨缺糧的威脅，不再有燃料和電燈可用，無法出行，並且幾乎完全失去有效再生產生存條件的能力。即使比較惡劣的積累形式受嚴格抑制，我們現在也無法承受對資本流通任何形式的持續和長時間攻擊或破壞。革命分子可能曾幻想可以在一夜之間摧毀資本主義，並在廢墟上立即建立某種不同的東西，但即使假設這種推翻資本主義的革命確實可能發生，上述幻想現在仍是不可能實現的。為免多數人挨餓，我們必須維持某種形式的商品流通頗長一段時間，因此也就必須維持貨幣資本流通頗長一段時間。正是在這種意義上，我們或許可以說，資本如今似乎大到不能倒。馬克思觀察到，我們可能渴望創造自己的歷史，但這永遠不可能在我們自己選擇的境況下實現。我們必須以特定的政治運作維持許多既有的商品鏈和商品流，同時將它們社會化，可能還逐漸加以改造以配合人類的需求。正如馬克思在對巴黎公社的評論中指出：

為了謀求自身的解放，同時實現當前社會因為本身經濟因素的作用而不可抑制地趨向的那種更高形式，工人階級將必須經歷長期的鬥爭，經歷改造環境和人類的一系列歷史過程。工人階級不是要實現什麼理想，只是要解放正在崩潰的資產階級舊社會本身所富有的新社會要素。

我們的任務是找出潛藏在當前社會中的有用東西，以便和平地過渡至一種比較社會主義的替代體制。革命是個漫長的過程，而不是一個事件。

第二章　新自由主義簡史

二〇〇五年，我寫了一本名為《新自由主義簡史》的書。我不喜歡為自己的著作做廣告，但我有必要講述一下那本書出版以來發生了什麼事。那本書的主題是有心人在一九七〇年代動員政治和經濟力量，致力為企業階級獲得盡可能多的積累，奪取盡可能多的財富和權力。

在一九七〇年代，企業階級覺得受到威脅，因為當時有很多反企業法案獲得通過，包括保護環境、消費者、職業安全和健康之類的法規。當時流傳鮑威爾（Lewis Powell Jr.）寫的一份著名備忘錄，他後來出任美國最高法院大法官。鮑威爾想說的主要是：「事情已經走過頭了。反資本主義言論已經變得太強烈。我們必須反擊，我們必須動員起來。」於是各種各樣的組織集結起來，例如美國企業圓桌會（Business Roundtable）、美國商會，以及當時既有或新成立的各種右翼智庫，它們致力扭轉當時確實變得非常強烈的反資本主義言論浪潮。

這一切如何發生是那本書的一個重要主題。在我看來，新自由主義本質上總是一個階級計畫，一個在很小的菁英階級內積累更多財富和權力的計畫。許多年後，我們走到今天的境地，而事實上，那個在一個很小的階級內積累財富和權力的過程如今是空前的深入。

經常有人問我：「新自由主義是否在二〇〇七至二〇〇八年結束了？那是新自由主義的危機嗎？如果是，我們如今在哪裡？」這是我們在政治上應該認真思考的問題之一。但要做到這一點，我們必須稍微了解新自由主義作為一個計畫是如何運作的。例如我認識到，雖然新自由主義是資本家階級和大企業一小群菁英的計畫，它需要可靠的群眾基礎。自一九七〇年代起，就有人試圖奪取共和黨。有人試圖為這個一小群菁英的計畫奪取群眾基礎。那個群眾基礎主要就是從一九七〇年代開始越來越政治化的宗教右派。

也有人試圖為新自由主義提出理論根據。我不認為一九七〇年代集結起來的資本主義者特別想到這一點，但他們發現身邊就有一種經濟學說，後來被稱為貨幣主義或供給面經濟學，它以巧妙的方式表達這些見解：「我們必須改變這種動態。我們必須終止國家對經濟的干預。我們必須創造比較自由的市場。我們特別需要消除工會的勢力。」供給面經濟學於是適時成為支撐新自由主義計畫的經濟理論。

根據這種學說，經濟管理首重控制供給狀況，而最需要控制的當然是勞動力的供給狀況。在一九七〇年代，勞工勢力太強大了。勞工有強大的工會，歐洲和英國有工黨和社會民主黨，甚至美國的民主黨也非常受制於大工會。新自由主義的早期階段就是設法遏制工會的勢力，嘗試重構政治局勢，以一切可用的手段削弱勞工的角色。

為此企業菁英必須以某種方式獲得政治權力。這種方式就是花錢在選舉上。在一九七〇年代，太多金錢投入選舉的問題引發許多爭議，人們爭論這是否合理。那些年裡，美國最高法院審理過幾個相關案件。簡而言之，美國的情況從認為選舉花錢無可避免但必須有節制，變成為選舉完全貨幣化打開大門。最高法院最終認定花錢在選舉上是一種言論自由，應受保護。因此，任何人都不應該妨礙金錢自由流入政治。大企業和富豪因此得以日益支配政治。

他們還必須支配媒體，而他們開始藉由整合和集中企業控制權和所有權，非常有效地做到這一點。他們必須在某個時候奪取大學。但在一九七〇年代初，因為學生運動非常反企業和反戰，而且教師非常傾向自由主義，他們不可能奪取大學。有人嘗試以智庫包圍大學，例如曼哈頓政策研究所、國家經濟研究局、奧林基金會、傳統基金會等智庫就全都是大資本資助的。這些智庫製作了一系列的出版物，提出一系列的論點，全都是反勞工、親企業、支持市場自由，以及支持開放市場以大幅增加競爭。這是一九七〇年代以來的普遍情況，而這個計畫相當成功。

到了一九九〇年代，勞工大致上已經被剝奪了權力。控制企業的大部分監理機關已遭廢除。柯林頓（Bill Clinton）領導的民主黨已經成為新自由主義政治的代理人。柯林頓上臺時，承諾針對醫療體系推動進步主義改革和改善民眾的生活條件。但他最後帶給美國的卻是反勞工的《北美自由貿易協定》。該協定簽署時，現場沒有大工會的代表。民主黨脫離它植根於大工會的傳統權力基礎，開始培養國際化城市專業菁英作為它的新權力基礎。

柯林頓帶給我們《北美自由貿易協定》和我們所知道的福利改革。他帶給我們將許多黑人青年定罪的監禁計畫。他廢除金融法規，包括一九三〇年代生效、非常重要的《葛拉斯史提格爾法》。柯林頓是新自由主義計畫的主要代理人。在大西洋的另一邊，布萊爾（Tony

Blair）扮演了類似的新自由主義角色。他說，我們必須與企業合作，而非對抗。

到了一九九〇年代，新自由主義計畫已經取得相當不錯的效果。檢視社會不平等方面的數據，你會發現，經濟合作暨發展組織（OECD）幾乎所有主要成員國，包括英國、美國和許多歐洲國家，全都出現社會不平等嚴重加劇的情況。皮凱提（Thomas Piketty）的著作《二十一世紀資本論》（*Capital in the Twenty-First Century*）記錄了這種社會不平等加劇的情況。這本書其實不是講資本，而是講資本主義自一九七〇年代以來製造出越來越嚴重的社會不平等。

你可以說，新自由主義是個成功的政治計畫。勞工被剝奪了權力，環境法規未有執行，對金融的規管遭削減。然後你會想到社會主義者阿葉德當選智利總統，以及皮諾契特一九七三年在智利的新自由主義反革命。我們有一個完整的時代，起初由柴契爾夫人（Margaret Thatcher）和雷根（Ronald Reagan）分別在英國和美國領導，然後是世界各地的其他人物。

在《新自由主義簡史》中，我試著回顧這一切，然後討論我們在二〇〇〇年剛過去之後的處境。當時新自由主義計畫已大獲成功，似乎幾乎沒有什麼反對的可能。「別無選擇」（There is no alternative）是柴契爾夫人的名言。她認為她不但要改變經濟，還要改變人們的思考方式和整個經濟文化。當局倡導的思考方式重視個人主義、個人責任和自我改善。我們都應該成為自己的創業者，致力投資於自己。

因此，如果我們最終陷於貧困，那是因為我們沒有正確地投資於自己。如果我們陷入貧困，那是我們的錯。這不是制度的錯，而是我們的錯。如果我們因為被取消抵押品贖回權而失去房子，那不是制度的錯，而是我們的錯。這種自力更生觀念出現了。到了一九九〇年代，這種觀念已經成為主流。但是，它有很深的根源。這是我在我那本書中一再強調的。一九六〇年代有過一場非常激烈的運動，參與者想要個人自主（individual liberty）、自由，以及社會正義。這場運動可稱為六八世代的運動，它與資本的本質是對立的。資本對此的回應是：「我們給你個人自主，我們也很重視個人自主，我們將圍繞著個人自主組織事物，尤其是在市場運作方面，以便你在市場中享有很多的選擇自由。不過，為此你必須忘了社會正義。」

這就是雷根和柴契爾夫人在一九七〇和一九八〇年代，一直到柯林頓在一九九〇年代為六八世代提供的魔鬼交易。到了一九九〇年代，很多人開始接受這種觀念：如果他們陷入困境，那是他們自己的錯，而體制事實上運作得非常好。對富豪和成功的創業者來說，體制運作得非常好。富豪越來越富有，越來越富有，越來越富有。企業執行長與一般員工的收入差距越來越大，越來越大，越來越大。

然後當然就來到二〇〇七至二〇〇八年，那場大危機爆發了。體制似乎失靈了。我認為要理解我們現今的處境，那場危機非常關鍵。在一九九〇年代，一直到二〇〇〇年代中期，大眾被說服，認為現行體制至少是可行的。但到了二〇〇七至二〇〇八年，人們認識到這個體制是不可行的。此外，人人都開始看到，富豪才是得益者。在二〇〇七至二〇〇八年，政府救了銀行業者，救了華爾街，給了他們各種援助，而華爾街業者在二〇〇八年總共拿走超過三百億美元的獎金，即使他們導致世界金融體系崩潰；此時人人都說，這個體制被富豪操縱了。然後我們開始看到針對新自由主義體制一向本質的攻擊。

但如此一來，就有一個大問題：資本的力量真的受到攻擊了嗎？抑或攻擊是以某種方式巧妙地調整過，新自由主義因此得以延續？我的看法是新自由主義並沒有終結於二〇〇七至二〇〇八年，但它失去了它的正當性（legitimacy），尤其是政治正當性。對體制的不滿是存在的。這種不滿越來越深，越來越深，越來越深。換句話說，人們開始疏離他們賴以生存的整個經濟體制。但與此同時，體制本身並沒有改變。

事實上，自二〇〇七至二〇〇八年以來，得益最多的就是有錢人。他們謹記「不要浪費大好危機」這個教訓，付諸實踐為自己謀取利益。檢視英國和美國的數據，你會發現，頂層百分之一人的財富（和勢力）增加了百分之十四、百分之十五，甚至是百分之二十，而其他人自二〇〇八年以來全都停滯不前，甚至可能有所倒退。新自由主義計畫並沒有結束。但是，它已經失去它曾享有的正當性。新自由主義計畫必須找到一種新形式的正當性。我認為這種新形式的正當性是我們必須非常關注的。

二〇〇七至二〇〇八年，美國房市崩盤，大約七百萬戶家庭失去他們的房子。這種事情發生時，你會預期那些被剝奪了居所的人投入大規模的運動。你會預期他們上街抗議。當時確實出現了零星的抗爭，但二〇〇七至二〇〇八年的情況大致上就是失去房子的人責怪自己。從一九八〇年代開始建立起來的新自由主義文化強調自我改善和自我投資，導致許多人責怪自己和把問題內化。當然，媒體和其他地方也有許多人樂於檢討和責怪受害者。

受害者受責怪時，心裡總是殘留一個疑問：「我真的應該受責怪嗎？」他們感到不舒服，也覺得自己有所不足。在此情況下，受二〇〇七至二〇〇八年崩盤影響的人都陷入一種迷茫狀態。他們看到政府照顧銀行業者，替銀行業療傷，但沒有人來幫助他們。他們面對的反而是政界致力緊縮公共支出，而他們被視為有害的失敗者，受到敵視。但是，緊縮公共支出是為了什麼？為了援助銀行業者？還是為了使富豪更富有？這導致受害者懷疑體制出了問題。

這種懷疑使人們提出這樣的問題：「金融體系出了什麼問題，導致我們遭遇如此嚴重的崩盤？為什麼這會變成一場全球危機？」典型的答覆是：「金融體系太複雜了。你不可能了解所有金融工具，像是信用違約交換和債務擔保證券之類的東西。金融體系太複雜了，遠不是凡人所能理解。」於是人人開始說：「金融體系太複雜了。除了專家，沒有人能理解它。」

於是大家說：「嗯，如果只有專家能理解，為什麼專家會錯得如此離譜？為什麼專家沒有看到可能出現和最終確實出現的問題？」英國白金漢宮就曾出現這樣一個美妙時刻：英女王與一群經濟學家茶會，女王問那些經濟學家：「你們怎麼沒有料到崩盤的來臨？」那些經濟學家不知道該說什麼。他們隨後召集經濟學界開會，希望得出一些答案，以便下次與女王陛下茶會時可以說：「我們知道問題出在哪裡了。」結果他們得出的唯一答案是「我們不了解系統風險」。

他們承認這一點，真的相當驚人。如果有一個系統，而且系統中有風險，更何況系統風險不是意外風險，你會認為一定有很多人關注這種風險。但事實證明，在危機爆發之前，沒有一個經濟學家，沒有一個理論家，沒有一個專家注意到系統中越來越大的風險。這些風險最終造成危機時，所有人都措手不及。這是知性能力不足的問題，也是想像力不足的問題。這也意味著系統本身確實有問題，必須加以糾正。經歷了二〇〇七至二〇〇八年的危機之後，有關如何開始思考出了什麼問題和如何賦予正在發生的事情正當性，如何解釋政府政策繼續偏袒超級有錢人，以上就是我的一些想法。那麼，我們可能得出什麼樣的答案呢？

第三章　新自由主義的矛盾

我透過馬克思《資本論》（*Capital*）的視角分析新自由主義計畫。我希望找出新自由主義計畫的核心矛盾。在馬克思的著作中，矛盾有幾個面向，但有一個簡單的方法看這問題。在《資本論》第一卷，馬克思分析了技術變革強烈和大力追求利潤的社會會發生什麼事。他分析了仰賴在生產中剝削勞動力的「剩餘價值生產」（surplus value production）。因此，一九七〇年代開始的對勞工力量的壓制，符合馬克思在《資本論》第一卷中提出的分析。

在《資本論》第一卷的結尾，馬克思描述了這樣一種情況：資本家因為擁有非常大的權力，可以加大對工人的剝削，從而實現利潤率最大化。利潤率最大化仰賴壓低工資。《新自由主義簡史》中的一個重要圖表顯示，自一九七〇年代以來，工資在國民所得中所占的比例越來越低。生產力成長的同時，實質工資完全沒有增加。《資本論》第一卷預測，大量人口將日益貧困，失業人口將增加，可棄的群體將產生，以及勞工將更欠缺保障。這是《資本論》第一卷提出的分析。

但如果你讀了《資本論》第二卷，你會得到另一個故事，因為在第二卷，馬克思著眼於資本如何流通、如何將需求與供給聯繫起來，以及如何在系統自我再生產的過程中維持自身的均衡。為了保持均衡，必須穩定工資率。簡而言之，如果你不斷削弱勞工的力量，導致工資持續降低，就會出現這樣的大問題：「市場在哪裡？市場會發生什麼事？」因此，馬克思開始指出，《資本論》第一卷的故事產生了這樣一種情況：資本家將在市場中遇到困難，因為他們付給工人的工資越來越少、越來越少，而市場將因此越來越小、越來越小。這就是新自由主義時期和新自由主義時代的一個核心矛盾：「你的市場將來自哪裡？」

這問題有若干答案。地域擴張是其一。中國、俄羅斯和前蘇維埃帝國的東歐成員國加入全球資本主義體系，開啟了巨大的新市場和可能性。還有很多其他方法可以解答這問題，但最重要的答案是發給人們信用卡。讓他們欠債。促使他們欠債。不斷提高債務水準。

換句話說，如果勞工沒有足夠的錢買房子，你就借錢給他們買房子。然後房市上漲，因為你借錢給勞工買房子。在一九九〇年代，越來越多錢被借給了收入越來越低的人。這是二〇〇七至二〇〇八年危機的根源之一。最後，無論收入和償還房貸的能力如何，幾乎人人都能借到貸款購屋。這在房價上漲的時期是沒問題的。如果房貸借款人遇到困難，他們（或他們的銀行）總是可以賣出房子，獲利了結。

但主要的問題是，在工資被壓低的情況下，如何管理需求方？正如我已經指出，彌合差距的方法之一是擴大信貸體系。這方面的數據實際上相當驚人。在一九七〇年，資本主義社會——典型的資本主義社會——的總負債相對有限，而且大部分負債不是累積的。人們這邊借了錢，另一邊就還了錢。因此，在一九七〇年代，淨負債增加的速度不是很快。

但是從一九七〇年代開始，淨負債相對於國內生產毛額（GDP）開始增加。我們如今已經走到這種地步：世界總負債約為世界的商品和服務年度總產出的百分之二百二十五。當然，這些都只是數字，不容易提供有助理解它們的脈絡，但可以注意的是，在一九八〇年，墨西哥陷入債務危機，而當時該國的負債僅為該國年度GDP的百分之八十或百分之九十左右。因此，負債達到GDP的百分之八十或百分之九十，當年會被視為一種必須處理的危機狀況。但是現在世界的負債高達當年的三倍或四倍，然後似乎沒有人對此憂心忡忡。因此，這段時期發生的事情之一，就是負債不斷增加。

有關一九八〇年代，我認為還有一件事是我們必須明白的，那就是如果沒有強大的政府支持，新自由主義計畫根本無法存活。這問題在意識形態上相當複雜，因為新自由主義有很多諸如此類的辭令：「把政府趕出去。擺脫政府。政府是個問題，所以我們必須擺脫政府的干預。」雷根就有此名言：「政府無法解決我們的問題，政府其實正是問題所在。」

但政府沒有出局。政府的功能改變了，從建立福利結構（例如醫療、教育和各種社會服務）以支援大眾，變成支援資本。國家成為支持資本、有時甚至補貼資本的積極行為者。從一九八〇年代開始，我們看到政府為了支持資本而玩的各種把戲。

最近的一個例子，是亞馬遜公司決定設立第二個服務中心，為此邀請各城市和地方政府提交標書。「你會給我們什麼？」亞馬遜說。這是全球最富有的公司之一，它實際上是告訴世人，它必須得到補貼才能營運。結果紐澤西說願意提供這個，另一個地方則願意提供那個。動用公帑補貼企業的運作，如今已是平常事。紐約市和紐約州提出各種誘因，但引起當地民眾反對，迫使亞馬遜放棄在當地投資的計畫。但這是不尋常的。

剛同意在威斯康辛州設廠的富士康，就得到州政府價值四十億美元的獎勵。州政府沒有把四十億美元花在教育、醫療或民眾需要的其他東西上，而是給了富士康。州政府的辯解是「這可以創造就業」，但此案其實不會創造很多職位；計算一下就會發現，州政府每年必須為所創造的每一個職位補貼兩萬美元左右。政府已經從支援民眾轉向支援企業，動用一切可用的手段，包括稅務安排、直接補助、提供基礎設施，以及放寬法規限制。

強大的政府才能這麼做。虛弱的政府是不行的。我在《新自由主義簡史》中提到的其中一件事，是新自由主義與新保守主義正在形成聯盟。新保守主義者在政府中形成了一個強大的派別。他們在小布希政府中掌權，這個政府非常注重結合以倫斯斐（Donald Rumsfeld）和錢尼（Dick Cheney）為代表的新保守主義倫理和新自由主義經濟原則。新保守主義者代表一個強大的政府，一個軍事化的國家。而這個政府也將支持新自由主義的資本計畫。

然後這個軍事化國家也與伊拉克開戰，而結果是災難性的。但這裡的重點是，新自由主義計畫獲得強大的新保守主義政府密切配合。此一聯盟非常重要，並且隨著新自由主義失去其民意正當性（popular legitimacy），聯盟關係逐漸強化。

政府對大資本的這種支持並沒有在二〇〇七至二〇〇八年消失。在小布希時期，因為各種原因，新保守主義計畫受伊拉克戰爭影響，日益失去其正當性。新保守主義者導致我們捲入伊拉克戰爭，使我們在外國冒險。小布希（George W. Bush）任期結束時，新保守主義與新自由主義的聯盟已經破裂。新保守主義者真的完蛋了，主要參與者如萊斯（Condoleezza Rice）和倫斯斐淡出政壇。這意味著新保守主義運動為小布希時代新自由主義政治提供的正當性消失了。然後就發生了二〇〇七至二〇〇八年的危機。政府必須強勢介入，拯救大資本。這是二〇〇七至二〇〇八年的大事件。

在美國，我們從新保守主義計畫的灰燼中動員強大的國家力量，藉此走出那場危機。在意識形態上，這可能與新自由主義反對政府強力干預的立場有矛盾。但政府別無選擇，只能干預，而且是為了資本而不是人民干預。政府可以選擇援助銀行和金融機構，又或者援助民眾，而當局明確地選擇了援助金融機構。這成為新自由主義政治遊戲的關鍵規則之一，當局在隨後多年裡冷酷地遵循。

二〇〇七至二〇〇八年的危機，其實可以藉由大量補貼受法拍威脅的房貸戶來解決。政府如果這麼做，就不會有大量房貸戶失去贖回房屋的權利。政府可以用這種方式拯救金融體系，而不是拯救金融體系但任由許多人失去房子。那麼，為什麼當局從不曾試行這個顯而易見的解決方案呢？

站在資本的角度，任由許多人失去房子其實是很好的事。因為如此一來，市場上將出現大量法拍屋，對沖基金和私募股權集團花很少的錢就可以買下，然後在房市復甦時大賺一筆。實際上，眼下美國最大的房東之一就是私募股權業者百仕通集團（Blackstone）。該公司盡其所能買下大量法拍屋，利用這些資產創造出一門非常賺錢的生意。它利用房市的災難大發利市。百仕通掌門人史瓦茲曼（Stephen Schwarzman）幾乎在一夜之間成為世界上最富有的人之一。

這一切在二〇〇七至二〇〇八年變得明確。政府未能滿足民眾的需求，但致力回應大資本的需求。此時已經沒有一個具有公信力的新保守主義運動。

那麼，政治正當性要從何而來？經歷了二〇〇七至二〇〇八年的事件之後，正當性要如何建構？這就引出近期事件的一個關鍵。我已經指出，在二〇〇七至二〇〇八年，民眾備受冷待。他們覺得沒有人願意幫助他們，也沒有人關心他們的處境。當時我們正處於近三十年去工業化歷程的尾聲，該過程摧毀了許多社區，導致許多人喪失體面的就業機會。人們變得疏離，而疏離的群體往往非常不穩定。他們往往鬱鬱寡歡、焦躁不安。後果包括許多人吸毒成癮和酗酒。鴉片類藥物氾濫成災，個人自殺率上升。實際上，在美國許多地方，民眾的預期壽命下降了；因此，人民的狀態一點也不好。整體而言，美國人覺得自己受到了不公平的對待。

此時人們開始問這問題：「這一切該怪誰？」大資本家和他們的媒體最不希望看到的，就是人們開始責怪資本主義和資本家。這種事以前發生過，在一九六八和一九六九年。當年人們開始責怪資本和企業，結果出現了一場反資本運動。

當然，二〇一一年發生了占領運動，它把矛頭指向華爾街，責怪金融業者。人們開始這麼想：「嗯，或許這裡發生了一些事，銀行業者享有特權，他們實際上做了很多犯法的事，但沒有一個人要坐牢。」全球只有一個國家把大銀行家（而不是幾個流氓下屬）送進監獄，那就是冰島。

占領運動針對頂層百分之一的人、表示那是問題所在時，華爾街真的相當緊張。所有的大機構（此時它們都已經受資本牢牢控制）立即創造出一系列的其他說法，例如「問題在於外來移民」或「懶惰的福利領取者」（往往含有種族歧視）或「不公平的中國競爭」，又或者「問題是許多人一直未能好好照顧自己和投資於自己」。鴉片類藥物流行被說成是個人意志的悲劇性失敗。

主流媒體以及極右派和另類右派控制的許多機構開始傳出這種流言和議論，這些右派此時突然經由茶黨和柯克（Koch）兄弟獲得資助，而大資本的一些派系投入大量金錢影響選舉，藉此取得影響力，主導各州政府和聯邦政府。

這是一九七〇年代一種趨勢的延續，該趨勢涉及圍繞著一個政治計畫鞏固資本家階級的權力。但這一次要怪罪的是外來移民，或外國競爭和世界市場的狀況，太多令人窒息的管制，以及諸如此類的問題。除了資本，什麼都可以責怪！

最後是川普（Donald Trump）上台執政，這個人偏執、反覆無常，而且有點神經病。但看看他做了些什麼。他盡其所能解除管制。他摧毀了環境保護局，這是大資本家自一九七〇年代以來一直追求的。他推動租稅改革，好處幾乎全給了頂層百分之一的人、大企業和債券持有人，一般民眾幾乎毫無得益。他也放寬對採礦的管制，並且開放聯邦土地。這是一套純粹的新自由主義政策。只有關稅戰，或許還有反移民政策，不在新自由主義的劇本之內。站在經濟的角度，川普基本上是在遵循新自由主義的準則。

但是，他如何替這種經濟政策辯解？如何賦予它正當性？川普試圖利用一套民族主義和反移民的辭令，賦予其經濟政策正當性。這是資本可以運作的一種典型模式。我們看到柯克兄弟利用他們的金錢力量主宰選舉政治，利用布萊巴特新聞網（Breitbart News）、福斯新聞（Fox News）等機構主宰媒體。他們正坦然推動這個新自由主義計畫（不包括關稅戰和反移民）。

但是，此時資本家階級並不像他們在一九七〇年代時那麼團結和一致。資本家階級當中有一些派別認為，新自由主義經濟模式顯然是有問題的。此外，川普有一些政策，例如關稅戰、反自由貿易、反移民，未必是柯克兄弟想要的。那不是資本家階級整體而言想要的。我們現在的情況，是資本家階級本身有一點分裂，但是你可以看到，二〇〇七至二〇〇八年的危機應對方式與「要怪就怪別人、別怪資本」的運動興起有直接關係，而這場運動是資本家階級這些年情急拚命之舉。截至目前，這種做法是成功的。但它顯然也是脆弱和不穩定的。而不穩定的民眾，尤其是疏離的民眾，政治上走向何方有許多不同的可能。

第四章　權力的金融化

我要回到這段歷史的一個方面，因為我認為它有重要意義，值得單獨審視；這個方面就是一切事物日益金融化，以及金融勢力驚人成長。這當中有一些有趣的特點，因為在歷史上，金融經常被視為一種寄生性質的功能，本身無法產生任何東西。在一九七〇年代之前，國民經濟帳目並沒有納入金融活動。它們不是GDP的一部分，因為它們被視為事務性質而非生產性質的活動。但隨著金融勢力的成長，金融業者致力宣稱他們的運作是生產性質的活動，因此應該納入國民經濟帳目。你可以想像，在英國脫歐這件事中，這成了一個很大的問題，因為人們認為倫敦金融城對英國經濟生產力有重要貢獻。人人都希望倫敦金融城繼續發揮其作用。在一九七〇年，金融業的運作不被視為生產性質的活動，而是被視為事務和流通性質的活動，因此並不直接生產出任何東西。英國生產汽車和其他東西，金融方面的東西是不相關的。但高盛前執行長貝蘭克梵（Lloyd Blankfein）大聲疾呼，堅稱高盛不但是在做「上帝的工作」，實際上還位居美國經濟中生產力最高的其中一個部門。他說，高盛的員工是世界上生產力最高的其中一些勞工。

這就引出有關金融服務的價值這個有趣的問題。我們是否可以全都只靠金融服務生活？你不能吃它們，穿它們，或住在它們裡面。因此，說金融服務很大程度上是寄生性的，實際上有相當有力的理由。如果它們被視為寄生性和非生產性的（這是占領華爾街運動文宣的一個常見主題），金融業者將會失去他們在政治和經濟上的特權地位。但現在，高盛堅稱它生產力非常強大，以至於紐約如果失去高盛，將招致一場經濟災難。金融業者宣稱，政府以法規限制金融活動，已經對就業和經濟成長產生負面影響。長期以來，進一步放寬對金融服務的管制一直是紐約的一個爭論焦點。就在二〇〇七至二〇〇八年金融崩盤之前，當時的紐約市長麥可・彭博（Michael Bloomberg）強力施壓，要求對紐約的金融服務進一步鬆綁，藉此增強紐約相對於倫敦的競爭力。主張進一步鬆綁的人認為，這可以釋放本已存在的潛在生產能力。他們認為監理體制阻礙和抑制了生產能力。然後金融崩盤發生了，美國通過了新的金融監理法規，那就是陶德法蘭克金融改革法。那麼，我們現在看到什麼？眼下有一場相當公然的運動，其目的是削弱陶德法蘭克法，進一步放寬對金融服務的管制，而川普政府非常樂意配合。川普政府延續了美國政府聘請前高盛高層掌管財政部的傳統。

金融活動是否可以產生價值？若是可以，它是以什麼方式產生價值？我認為這裡有一點非常有趣，必須回到馬克思的論述中去理解。資本總是追求成長，而且總是追求複合成長——百分之三的複合成長似乎是個令人滿意的標準。但複合成長會產生指數型成長曲線，東西增加得越來越快，越來越快。有個著名的故事是這樣的：有個國王想獎勵發明西洋棋的人，而那個發明者說：「我想要的是棋盤上第一格放一粒米，接下來每一格的米粒數目每次均倍增。」國王答應了，認為這不會有什麼問題。但去到大約第三十四格時，世界上已經沒有米了。這就是複利的作用。起初是一粒米，然後是二粒、四粒、八粒、十六粒、三十二粒、六十四粒，以此類推。這是一種複合成長。大約自一七五〇年以來，資本一直以每年約百分之三的複合成長率增加。在歷史上，平均成長率略低一些，因為像一九三〇年代那種蕭條時期打斷了成長。但我們就假定是百分之三的複合成長率吧。馬克思撰寫其著作時，在西歐和英國，或許再加上美國東部沿海地區，經濟保持百分之三的複合成長率沒什麼大不了。但是，現在和未來維持百分之三的複合成長率，就是很大、很大的問題。如何吸收這種複合成長是個實在的問題。你必須為越來越多的資金找到投資機會，並且不斷擴大投資機會。

目前全球一年的GDP接近八十兆美元。因此，我們現在必須為額外的八十兆美元找到新的投資機會，希望未來二十五年至少能產生百分之三的利潤。在二〇〇〇年，我們只需要吸收四十兆美元。而再過二十年，我們必須吸收的將是一百六十兆美元左右。全球經濟的產出規模每二十年左右就必須增加一倍。這種非同尋常的擴張能以什麼形式發生？可以是實體上的擴張嗎？我們來看它過去四十至五十年的實體擴張。整個前蘇聯帝國都已經進入資本主義體系，中國也已經加入資本主義體系。過去相當平靜、沒有很多資本主義發展的許多國家，例如印尼和印度，如今已經完全融入了不斷擴張的全球資本主義經濟。因為環境和其他方面的原因，全球經濟在實體上保持複合成長可能造成大災難。

在這方面，我最喜歡的資料是中國的水泥使用量。在二〇一二年之後的兩年裡，中國的水泥用量是美國之前一百年總用量的兩倍。如果實體上的複合成長會出現這種情況，未來無疑會有災難。六十年後，我們將被水泥淹沒。因此，這個系統將如何擴張是個實實在在的問題。可以是商品生產和消費量上的擴張嗎？可以是生產活動和剩餘價值生產上的擴張嗎？抑或可以是貨幣力量上的擴張？在這些選項中，原則上無限的只有貨幣。貨幣上的擴張只需要給世界貨幣供給量加幾個零。

世界主要央行的量化寬鬆行動，實際上正是做這種事。自一九七〇年代以來，世界的貨幣供給經歷了驚人的成長。這種擴張原則上可以無止境持續下去。但是，如果世界上有越來越多金錢，我們就會面對這種問題：這些錢可以用來做什麼？它們可以買什麼？我們很難將所有新產生的金錢用於實質投資。二〇〇七至二〇〇八年，為了拯救瀕臨倒閉的銀行，貨幣供給大增，而人們希望這些錢大部分用來增加生產活動。但只有不到百分之二十的錢被用來增加生產活動。餘者被用來回購股票、投資於股票市場，或購買自然資源資產（包括土地和房產）。因此，大部分錢的用途與生產無關。那些錢主要流入貨幣工具，以及期望土地和房產升值的投機活動。這就出現一件有趣的事：二〇〇七至二〇〇八年的崩盤始於房地產市場，而危機應對措施之一是重振主要房地產市場，促進這些市場的投機活動。中國的房地產市場就出現了很多瘋狂的活動。自二〇〇八年中國出口業遇到危機以來，中國約有百分之十五的經濟成長來自蓋房子。舊金山聯邦準備銀行有人說過：「美國有藉由蓋房子和替房子填滿東西來擺脫危機的悠久歷史。」如果你看全球所有主要都會區的房地產市場，會發現房地產價值驚人上漲，以至於頗大一部分人沒有負擔得起的地方可住。如果你每年有五萬美元可以生活，想在紐約市找個地方住，你大可放棄，因為根本沒有你負擔得起的地方。房子貴到無法負擔，是個真實和普遍的危機。

這就是當前情況的瘋狂之處。自二〇〇七至二〇〇八年以來，貨幣供給增加得非常快，但實體經濟方面沒有很大的「進展」。世界上某些地區現在有一些進展，但總的來說，近年的貨幣擴張實際上導致新增貨幣不成比例地落入有錢人手上。

量化寬鬆政策尤其如此。在這種政策下，主要央行（美國聯準會、英國央行、歐洲央行和日本央行）支付現金，買進商業銀行持有的房貸債權和債券。經濟中的流動資金因此增加，而原本會抑制商業銀行活動的房貸債權和債券則落在央行手上。這就是量化寬鬆，是二〇〇七至二〇〇八年之後的關鍵應對措施之一。世界主要央行增加了全球貨幣供給。但這些額外的貨幣未必流入生產活動；它們主要被用來購買資產。

多數人認為，量化寬鬆政策基本上嘉惠上層階級，代價則由下層階級承受。英國央行做過一項詳細的研究，結果顯示以相對幅度衡量，下層階級從量化寬鬆中受惠多於上層階級。你要看到報告最後面，才明白這是什麼意思：底層百分之十的人五年間收入平均額外增加三千英鎊，頂層百分之十的人則增加三十二萬五千英鎊。但是，下層階級的收入改善幅度高於上層階級。這實際上是告訴我們，底層百分之十的人是多麼窮。你會選擇什麼：擁有十美元並享有百分之十的報酬率，還是擁有一百萬美元，但報酬率只有百分之五？這正是實際上發生的事。因為量化寬鬆政策，上層階級的財富規模和勢力大大增加，而底層百分之十的人則只是每週可以多買一杯咖啡。但那份報告的標題卻是「相對而言，窮人實際上比有錢人得益更多」。增加的速度與增加的量不同，了解這種差別是非常、非常重要的。大公司的投資報酬率可能相對較低，但你可以看到，像艾克森這種大公司得到的投資報酬金額巨大；相對之下，曼哈頓一家家庭餐館努力應付不斷上漲的租金和送餐成本，享有較高的投資報酬率，但投資報酬的金額小得多。

大眾意向的相對變化，顯示事物的貨幣面向已變得越來越重要。這正是社會不平等加劇的原因。事物的貨幣面向甚至左右企業的運作方式。例如我想到生產汽車的通用汽車公司，該公司最成功的部門之一是通用汽車金融服務公司（GMAC），而該部門主要是借錢給人買車。GMAC非常成功，生意做得很大，最終成為一家獨立的銀行。事實上，許多大型汽車公司從金融業務中賺到的錢，超過它們從汽車製造業務所賺到的。最近我看了一些航空公司的資料，發現航空公司藉由對沖燃料價格之類的作業，從它們的金融操作中賺到的錢比提供客運貨運服務更多。許多從事生產業務的公司也做金融操作，因為它們認為這種操作有望帶給它們良好的報酬率。但這意味著公司必須行動靈敏、非常老練，而且可以取得良好的資訊，以便適當調動資金從事各種操作，盡可能提高收入和報酬率。許多公司的領導層越來越傾向以金融人才而非工程專家為主。聯邦與地方政府經常幫助企業建構有利的金融交易。例如一家銀行可以付百分之一．五的利率向聯準會借錢，然後拿這些資金購買報酬率有百分之三的美國公債。在這種情況下，銀行除了賺錢，什麼都沒創造出來。但這種情況在二〇〇七至二〇〇八年之後變得非常普遍。大量資金注入金融體系，但只有很少用在生產活動上。多數錢被用來做金融操作，包括購買資產。世界各地出現了很多搶土地的情況。我看到一份報告指出，哈佛大學的捐贈基金正大量參與拉丁美洲的買地或租地交易。另一些大戶則大量參與非洲的這種交易，那裡的土地價格正飆升。

因此，我們正進入這種投機經濟，而這種操作很難當作生產活動賦予其正當性。但眼下要了解金融體系錯綜複雜之處也相當困難。在這一切的背後，一個獨特的投資人階級（例如對沖基金和私募股權基金）出現了，他們唯一的興趣是利用一切可用的手段，不受政治、社會或經濟面的任何約束，獲得很高的報酬率。

在這些投資人當中，退休基金是重要角色。退休基金坐在那裡說，「我想要高報酬率」，然後他們出去問，「我們可以在哪裡得到高報酬率？在非洲搶土地嗎？」我所屬的美國教師退休基金ＴＩＡＡ據說參與了拉丁美洲的搶地操作。我對此反感，因此提出抗議。但ＴＩＡＡ管理層表示，退休基金的受託義務是盡可能提高投資報酬率，因此如果在拉丁美洲搶地可以得到最高的報酬率，那就是基金該做的事。他們說，如果不那麼做，他們可能被指控未盡受託義務。我們如今已經建構了一種瘋狂的經濟，它完全金融化，以至於忘記了生產；與此同時，它累積越來越多債務，它們摧毀我們的未來，又或者最終證實無法償還。

在馬克思看來，金融部門總是存在寄生的成分，但也有建設性的成分。我們需要金融體系發揮其功能，消除商品買賣周轉時間不同造成的障礙。許多金融功能對協調資本流動非常有用和有益。例如過去有一種互助會，它們是小型的儲蓄和貸款機構，在地人把錢存在那裡，得到少少利息，但這些錢可以借給社區裡有需要的人去買房子。多數人會認為這是信貸系統一種良性的運作。信貸系統使人們得以集體籌集資金，將有迫切性的計畫付諸實行（例如建一間醫院）。信貸系統有其建設性的一面，但也有瘋狂的投機的一面，例如出於投機的目的在巴西搶購土地。政府應該介入，管控投機的一面，同時促進良性的一面。但是，資本家當然喜歡投機的一面，尤其是如果投機可以創造較高報酬率的話。資本家尋求廢除政府干預和監理控管。如今他們正試圖為金融體系進一步解除管制，因此在我看來，一場大仗即將開打，爭論的焦點將是金融服務當前的狀態，以及它們在多大程度上是生產性質的活動。這問題將在美國下一次大選中出現，你已經可以看到大資本家的立場，而川普很樂意滿足他們。

高盛的員工是沒有生產力的勞工。我們必須向天宣告這一點。我們可以給他們的最佳評價是：他們沒有生產力，但卻是必要的。我們不應該把嬰兒和洗澡水一起倒掉。我們必須在資本主義的框架內，建立一個正派和受良好監理的信貸系統。我們必須把它當成一種公用事業加以組織和監理，而它必須提供信貸支持充分和適當的社會功能與需求。它必須投資於具有未來效益的長期計畫，例如教育方面的物質和社會基礎設施。換句話說，我們需要一個適當的信貸系統和許多信貸機構來幫助我們定義未來和提供資金。這是肯定的。但我們不需要高盛。約從一九九〇年代以來，高盛就一直為美國提供財政部長。因此，實際上是高盛在掌管美國的經濟政策，而它是為誰的利益服務呢？當然是高盛。而這正是新自由主義計畫的核心。我們必須重拾占領華爾街運動的言語，它突顯信貸系統中的寄生投機成分。了解金融體系中哪些成分是生產性的、哪些不是，是極其重要的。這是智性和理論上的挑戰，也是實踐上的問題。

金融運作導致我們欠債，必須以未來的勞動償還。負債的學生明白這一點。他們可能背負十萬美元的學貸，必須工作十年或十五年才能還清，然後才可以過稱得上是自己的生活。這是他們未來的勞動。這也是我們共同的未來。我們正進入一種受債務奴役的狀態：許多人負債累累，必須努力工作還債。這與我之前提到的情況有關。因為工資多年來相對萎縮，我們必須靠信貸不斷擴張來維持需求。資本主義體制靠提供信貸和擴大信貸系統生存下來。信貸的成長就是資本的成長。這就是我們目前的困境。這顯然不可能永遠持續下去，但資本要生存，它就必須持續下去。至於我們可以怎麼做，留待後面的一章討論。

第五章　威權轉向

在李歐納・柯恩（Leonard Cohen）那首歌中，窮人續窮、富者越富是人人皆知的事實，而且「事情就是這樣」。但是，如果人人都知道，為什麼「人人」不為此做點什麼呢？

對我來說，有趣的問題是：有關我們當前的局勢，大眾實際上知道什麼？且以二〇一九年十月八日巴西揭曉的選舉結果為例。有個叫波索納洛的人在第一輪總統選舉中獲得百分之四十六的選票，得票率比民意調查所預測的高十個百分點，表現因此遠優於預期。代表工黨的候選人排第二位，獲得約百分之二十九的選票，隨後是一些其他候選人。總統選舉因此必須進行第二輪投票，但從第一輪的結果看來，波索納洛顯然非常可能在第二輪勝出。

這結果有多個方面值得注意，因為波索納洛是個有點粗鄙、偏執和不可預料的右翼候選人。首先，這個結果引發巴西股市的巨大漲勢。第二天股市勁漲百分之六。而在新興市場普遍處境艱難之際，巴西貨幣里爾在國際匯市升值百分之三。商界對波索納洛有望當選的反應非常正面。這當中的大問題是：為什麼？畢竟在波索納洛以往的表現中，沒有任何證據顯示他特別親商。作為一名國會議員，他一直是個難以預料、相當孤立的極右派。他的主要競選綱領是終結貪腐——如果付諸實行，將威脅到許多企業和政界人士。

終結貪腐，又或者華府所講的「抽乾沼澤」，如今正成為一種政治計謀。當然，認真處理貪腐問題或以此為手段對付政敵，是非常不同的事。巴西確實有很多貪腐問題。但是，眼下打擊貪腐無疑主要被用來閹割左派，而不是對付右派。羅賽芙總統因為輕微的腐敗指控遭彈劾，因此失去總統職位。她只是竄改了統計數據。這不是個人貪腐問題。追擊她的人最終因為貪腐而入獄，而接替她的新總統曾公開說過一些非常、非常腐敗的話。但沒有人追擊他，大概是因為他是保守派人士。他還密謀要以貪腐的罪名送（工黨籍前總統）魯拉入獄，但這案件實在大有可疑。因此，當波索納洛說他要打擊貪腐時，他的目標顯然是工黨和巴西其他左派政黨。但這是世界各地現在正發生的事。例如中國眼下就有一個非常大型的反貪腐計畫，而我們不清楚它是為了對付政敵，還是真的有意根絕確實存在的貪腐問題，尤其是中國政治地方層面的貪腐問題。

波索納洛還對一九七〇和一九八〇年代的巴西軍事獨裁政權表示仰慕。他說，軍方確保了（某種）安全。波索納洛認為，為了保護民眾的安全，為了遏制失控的犯罪活動，尤其是城市貧民區毒品氾濫和幫派猖獗的問題，可能必須借助軍方的力量。他暗示必要時將找軍隊來處理這些問題。他還表示仰慕菲律賓總統杜特蒂（Rodrigo Duterte）。在菲律賓，杜特蒂訴諸法外手段對付販毒集團和犯罪活動：如果遇到毒販，開槍打死他，就這樣。所以波索納洛就是這種人。此外，他公開說過各種厭女的話，各種貶低女性和有色人種、非常難聽的話，就像川普總統常說、美國人已經習以為常的那種話。波索納洛因此被稱為「熱帶的川普」。他就是靠這種政治綱領最終當選巴西總統。

所以問題是：為什麼商界和巴西股市會團結起來支持波索納洛，告訴大家「這很好，這正是我們想要的，這正是我們需要的」？原來波索納洛有一名經濟顧問，他就是芝加哥大學培養出來的經濟學家葛德斯（Paulo Guedes）。請注意：是芝加哥！別忘了，皮諾契特將軍在一九七三年的政變中推翻信奉社會主義的總統阿葉德，隨後就是芝加哥大學培養出來的「芝加哥男孩」採用芝加哥學派的理論，重新設計智利經濟的運作方式。皮諾契特政變在拉丁美洲引發第一波新自由主義浪潮，而芝加哥男孩在這波浪潮中發揮了非常重要的作用。然後約四十年後，巴西這裡有一名芝加哥經濟學家即將掌權，而他表明自己贊成私有化，贊成財政緊縮和平衡預算，不惜為此犧牲幫助窮人的社會福利計畫，尤其是工黨之前確立的一項重要措施。那就是巴西的「家庭援助計畫」（Bolsa Familia），它補貼低收入家庭，條件是家長送孩子去上學。該計畫為巴西的下層階級提供了相當可觀的購買力。葛德斯也贊成改革退休金制度。他認為巴西的國家退休金制度太慷慨，必須加以限制。他還贊成把所有的國有資產私有化。簡而言之，他支持典型的新自由主義經濟方案。這正是股市慶祝波索納洛勝出的原因。股市並不在乎波索納洛這個人。市場在乎的是葛德斯將成為經濟部長，並推行新自由主義政策。葛德斯就任經濟部長時，宣稱他將追隨皮諾契特時代智利的做法。

這當中令人不安的是，新自由主義經濟學與右翼民粹主義似乎正在形成一種聯盟。我們可以找到幾個類似的例子支持這種看法。例如右翼的德國另類選擇黨（AfD）二〇一三年以來崛起於德國，是個擺出反移民、仇外和民族主義姿態的政黨。二〇一三年，該黨微不足道，但如今已成為德國聯邦議會第三大黨。它必須有自己的經濟政策立場。被問到這問題時，該黨只是表示支持「有秩序的自由主義」（ordoliberalism），也就是新自由主義的德國版本。這個版本並不完全仰賴自由市場意識形態，它重視的是國家引導的自由市場。實際上，國家引導的自由市場一直是新自由主義歐洲版本和德國版本的核心。當然，在實踐中，信奉新自由主義意識形態的國家多數依賴政府大力支持經濟。總之，右翼民族主義的德國另類選擇黨宣稱其經濟政策是德國版本的新自由主義。

在這裡，你可以看到兩個明確的例子：極右民粹主義政治運動信奉或許可稱為新法西斯主義的東西（在德國的例子中，極右派甚至採用納粹宣傳的東西），同時倡導新自由主義。由此看來，這些另類的右翼民粹主義運動似乎正與新自由主義計畫結盟。這是美國眼下正發生的情況嗎？

川普當然是在提出一種極右的選擇。他並不排斥夏洛茨維爾（Charlottesville）出現的那種白人至上主義和新納粹主義影響。他並不否定班農（Steve Bannon）的另類右翼政治。他在多大程度上也致力於新自由主義的永續？兩者的關係可能不穩定，但仍是有關係。

如果我是對的，新自由主義一直是上層階級和資本家階級的計畫，主要是為了維持上層階級的財富和權力（若有可能，還要增加他們的財富和權力）；如果新自由主義在歷史上一直如此，而它一旦成功，有錢人必將變得更富有，而窮人的經濟狀況則停滯或甚至惡化，那麼，從推行新自由主義政策的地方莫不出現社會不平等加劇的情況看來，新自由主義計畫無疑是成功的。這是我們真正必須關注的歷史。

在這個時代，我們很難明確定義階級結構，尤其是在我們著眼於勞工階級的概念時，因為現在臨時僱用的情況和服務業的工作非常多。工廠不再像以往那樣存在，至少美國是這樣。工廠都搬去中國了。在先進的資本主義國家，勞工階級已經以各種方式分裂和分化了。

但定義資本家階級則沒有問題。我們知道他們是誰，了解他們追求什麼。且以柯克兄弟為例，他們繼承了他們的階級地位和工業帝國。柯氏工業集團（Koch Industries）是一家非常大的私人公司，是美國最大的公司之一。這是一家化學公司，也是一家提供原物料的公司。我們現在使用的幾乎所有東西，據說都很可能含有柯克兄弟的產品。

因此，他們有非常廣泛的工業利益。柯氏工業集團非常賺錢，柯克兄弟本身十分富有。他們支持什麼類型的政治立場？答案是他們在某些方面是典型的新自由主義者。他們信奉自由市場和自由貿易。他們接近新自由主義中自由意志（libertarian）那一面。他們希望國家在財政方面審慎負責，控制好財政赤字。他們不希望國家干預經濟運作。他們不喜歡政府監理之類的東西，但他們也真的有一些有點進步的立場。例如他們支持適當接收外來移民，支持改革監獄，也認為關稅不是好東西。他們因為川普與中國衝突而抨擊他。

在這當中，支持移民和監獄改革與開放勞動市場和放寬管制大有關係，對資本家階級當然總是有很大的利益。他們希望勞動市場是自由、開放的。許多人刑滿出獄之後，因為面臨各種限制而無法重新投入勞動市場，導致勞動市場存在彈性不足的情況，這是柯克兄弟不想看到的。因此，他們在致力促進自由市場和自由貿易之餘，有一些看似進步的立場。在早期階段，柯克兄弟幫助資助茶黨。他們為了自己的利益，非常、非常大力支持共和黨。柯克兄弟之一[15]公開表示，對柯氏工業集團和他們自己的利益來說，過去五年是歷來最好的五年。

有趣的是，他們說五年，因為這涵蓋川普當選之前的一段時間，當然就是歐巴馬總統任期的尾聲階段，當時共和黨全面控制了美國國會，能夠阻止政府幾乎任何形式的監理干預。他們能夠阻止任何形式的預算擴張。那些年間，不提高舉債上限、平衡預算和減稅等問題成為政治方程式中的重要項目。諸如此類的許多情況導致政府未能引入更多法規（例如環境方面的法規）。對柯克兄弟來說，這絕對是好事。歐巴馬唯一能做的就是利用行政命令立法。這遭到共和黨控制的國會嚴厲批評，說他禁止在聯邦土地上採礦，還有類似的其他措施，超越了總統的權限。歐巴馬針對移民、採礦和環境等問題發出一系列的監理命令，這是柯克兄弟不樂見的。但是，行政命令做得到的事可以利用行政命令扭轉，因此川普上台後最先做的事情之一，就是推翻歐巴馬的幾乎所有行政命令。這對柯克兄弟來說是大好事。例如氣候變

15 兄弟之一的大衛・柯克（David Koch）於二〇一九年八月去世。

遷不能再談了，當局甚至不容許環境保護局提起這個話題。對聯邦土地上採礦的管制減少了。北極鑽探開放了。外海鑽油也開放了。基本上所有的金融監理機關都被行政命令逐漸削弱，而政府關於移民的行政命令當然也開始發揮作用。

對柯克兄弟來說，除了移民和監獄改革這兩個他們非常關心的國內問題，美國過去五年的政治狀況對他們極其有利。他們對川普的關稅政策也很不滿，但無論如何，那不是新自由主義劇本的一部分。整體而言，川普擔任總統和共和黨控制國會對柯克兄弟非常有利。他們有一個規模巨大的政治行動委員會（PAC），已經活躍了一段時間。他們投入一億美元支持共和黨的競選活動，希望幫助共和黨繼續控制參眾兩院。但他們也支持一些保守的民主黨人，以助對抗民主黨內某些派別的左傾傾向。

柯克兄弟是新自由主義計畫的熱切支持者。他們不支持那些強烈反對移民改革或支持川普政府推動關稅戰的共和黨籍候選人。站在他們的自由意志政治立場，站在維護企業利益的立場，關稅戰和移民控管都不是好主意。它們妨礙商品、服務和勞動力的自由流動。民主黨人和共和黨人對川普關稅政策的支持不相上下。在跨黨派支持下，美國與墨西哥和加拿大的關稅問題已經解決。有很多議論聲稱，站在美國的立場，這是巨大的成就，但事實上，它沒有那麼成功，也沒有那麼了不起。人們也議論許多可能達成的新貿易協定。美國已經與韓國達成新的關稅協議，與歐洲的協議也正逐漸成形，很可能將可達成。但美國將不會與中國達成可靠和有約束力的關稅協議；川普顯然將追擊中國，而某些級別的企業和民主黨某程度上很可能覺得這是沒問題的。但美國很多企業和農民並不樂見美國與中國打關稅戰。

川普政府在關稅問題上有所退縮，很可能是出於選舉考量。但川普政府大力推動租稅改革。二〇一七年的租稅改革是向企業送大禮，例如柯氏工業集團就得到巨大的好處，而且受惠的不僅是企業，還有與這些企業關係密切的有錢人。這是川普的政策顯然符合資本家階級利益的又一個例子。想想看：柯克兄弟對租稅改革和稅務優惠有興趣，結果得到他們想要的。他們對各領域法規鬆綁有興趣，結果也如願以償，從環境到金融的管制都放寬了。他們想要的幾乎都得到了。這恰恰是眼下巴西正發生的政治運作。這也是波蘭、匈牙利和莫迪（Narendra Damodardas Modi）領導下的印度正經歷的政治運作。極右派團結起來支持新自由主義計畫，支持社會中財富日益集中，同時支持加大力度鎮壓反對運動。

結果是柯克兄弟這些有錢人迅速變得更有錢。但他們動用自己的部分財富投入規模巨大的慈善事業。這是有錢人為自身財富辯解的方式。你去紐約市的美國自然史博物館，走進恐龍館，就是身處柯克兄弟捐贈的設施。孩子們看恐龍時，會看到這是柯克兄弟贊助的；對柯克兄弟來說，這是非常好的公關操作，因為人們會覺得他們支持這種事情，一定是好公民。你去林肯中心，則可能是去柯克禮堂欣賞芭蕾舞。

有錢人玩這種規模巨大的慈善遊戲，是為了爭取大眾的支持，培養某種公眾意識，以及發展某種公共文化和某些思考與認知方式。

我一直以柯克兄弟代表資本家階級。我不認為在這個時代很難定義資本家階級。你看柯克兄弟就知道了。但你也可以著眼於麥可・彭博。事情在此變得有趣。資本家階級不是同質的。他們可能都支持自由市場、自由貿易、免受監理、解除管制、私有化、政府審慎理財之類的原則，所以他們在這些方面是同質的，但他們也有自己特別關心的問題。

例如柯克兄弟就非常厭惡環境法規。他們拒絕討論氣候變遷，也抑制相關討論。他們對川普在這方面的言論非常滿意，也很樂見川普任命一名右翼無名小卒掌管美國環境保護局——這個人討厭環保，希望扼殺環境保護局的活力。自雷根以來，右派的策略一直是設法將環保局變成一個無法發揮作用的機構。廢除它會顯得太過分，但廢掉它的武功卻很容易。但彭博卻很認真看待氣候變遷問題。他據說投入了約一億美元，支持在二〇一八年選舉中贊成促進減碳的法規和政策的民主黨籍候選人。

我談論新自由主義和資本家階級時，並不是認為資本家階級完全同質。他們之間是有差異的。彭博支持環境監理，但不支持金融監理。柯克兄弟則兩者皆不支持。彭博不贊成動用聯邦政府的一大部分預算援助低收入民眾，柯克兄弟在這一點上所見略同。在氣候變遷和槍械管制方面，彭博與柯克兄弟和許多其他資本家有分歧，但在支持資本主義的基本原則上沒有分歧。

少數富豪和企業實際上掌控了美國政治。美國往往顯得像是只有一個政黨，而該黨有兩個派系。我們就叫它華爾街黨吧。這個黨有一半是柯克兄弟及其同夥資助和掌控的，這是共和黨的部分。另一半是麥可・彭博、史泰爾（Tom Steyer）和索羅斯（George Soros）等人資助的，這是民主黨的部分。這兩個派別都仰賴資本家階級的資助。兩者都大致支持新自由主義計畫，但有某些分歧，尤其是在氣候變遷和管理方面。兩個派別都支持高等教育，但各有不同的教育理念。一派支持新自由主義教育、創業教育，支持學校在擇優基礎上培養創業精神。另一派支持培養社會責任感和自力更生精神。兩派都支持社會和文化計畫，但同樣是支持不同類型的計畫。兩者都支持有限的多元文化主義，都傾向支持社會關注女性的權利和同性戀者的權利（但也都反對過度關注）。

有一種經濟力量組合正在干預政治，但它如今面對該如何處理極右種族民族主義（ethno-nationalist）政治以至新納粹政治的問題。在巴西，邁向新軍事獨裁政治的趨勢在商界獲得一些支持，但未必得到大企業的支持。商界繼續在政治上支持右翼政策，但如果它無法再延用過去的做法（在一九八〇和一九九〇年代是利用傳統的新自由主義手段，隨後是支持二〇〇〇年代崛起的威權政治），它似乎已經準備好支持新法西斯主義政治。我使用法西斯主義一詞是很慎重的。我想提醒大家，佛朗哥（Francisco Franco）、希特勒（Adolf Hitler）和墨索里尼（Benito Mussolini）全都與大企業有一定的關係，並與大企業長期密切合作，同時發展他們獨特的社會主義——國家社會主義。

我並不是說這種發展無可避免，但我認為有一些警訊告訴我們，新自由主義計畫受到威脅，正失去其正當性，而大企業界支持新自由主義計畫的人正尋求以新方式為它爭取民意支持。統治世界的寡頭集團極其集中，規模非常小。例如樂施會（Oxfam）關於世界財富分配的上一份報告就指出，八名富豪控制的財富與世上較窮的百分之五十人口的總財富一樣多。而在二十年前，三百四十名富豪才擁有如此規模的財富和權力。在某種程度上，新自由主義計畫在追求資本家階級財富和權力日益集中這件事上太成功了。

財富如此集中該如何辯解和使它看似正當？如何維護這種狀態？這是我們必須面對的大問題。如果新自由主義經濟學真的與新法西斯主義政治結盟，我們是否將容忍它？這種聯盟正開始以令人不安的方式出現於世界各地。巴西的波索納洛現象是真實的，而我們看到菲律賓有杜特蒂，土耳其有艾爾段，匈牙利有奧班（Orbán Viktor），印度有莫迪。我們看到這些人，而這顯然是一種危險的局面。自由主義建制，例如麥可・彭博支持的民主黨，沒有足夠的力量抵制這種政治演變。要阻止這種新自由主義新法西斯主義聯盟支配世界，需要一場大規模的反對運動。但這要求所有人了解我們所面臨問題的深層性質和一系列看似可行的解決方案。

第六章　社會主義與自由

最近我在秘魯做一些演講時，有人提出自由這個話題。那裡的學生對這個問題極有興趣：「社會主義是否需要人們放棄個人自由？」右派已經成功地將自由的概念據為己有，並把它當成階級鬥爭的武器，用來對付被他們說成會導致人們「不自由」的社會主義者——美國尤其是這樣，但其他地方也有類似情況。右派宣稱，個體屈從於社會主義或共產主義所強加的國家控制，是我們必須不惜一切代價避免和阻止的事。我對上述問題的答覆是：我們不應放棄追求個人自由乃社會主義解放計畫一部分的想法。事實上，我們可能會想將它置於核心而非邊陲位置。我認為實現個人自主和自由是社會主義解放計畫的一個核心目標。但是，要達成該目標，我們就必須集體建設這樣一種社會：我們每一個人都有足夠的人生機會和生活可能性去實現自己的潛力。

關於這個話題，馬克思說過一些很有意思的話。其一是「自由領域始於滿足了基本需求」。如果你沒有足夠的食物，如果你在醫療、居住、交通、教育等方面的基本需求無法滿足，自由是毫無意義的。社會主義的作用就是提供這些基本必需品，滿足人類的這些基本需求，以便人們可以自由地去做他們真正想做的事。社會主義轉型的終點，以及共產主義社會建設的終點，是個人能力和本領完全從匱乏、需求和其他政治與社會束縛中解放出來的這樣一種世界。我們不能容許右派壟斷個人自由這個概念，我們必須為了社會主義本身重奪自由這個概念。

但馬克思也指出，自由是一把雙刃劍。他提出一種站在勞工的立場看這問題的有趣方式。他說，資本主義社會的勞工在兩種意義上是自由的。他們可以自由地在勞動市場將自己的勞動力提供給他們想服務的任何人。他們可以自由地協商勞動契約，接受他們願意接受的任何勞動條件。但與此同時，他們也是不自由的，因為他們只靠自己完全無法控制或取得生產工具。因此，為了生存，他們只能將自己的勞動力提供給資本家。

這就構成他們的雙刃式自由。對馬克思來說，這是資本主義下自由的核心矛盾。在《資本論》中關於工作日那一章，馬克思這麼說：資本家可以自由地對勞工說：「我想以盡可能低的工資僱用你，而你將花盡可能多的時間，完全遵照我的指示工作。這是我僱用你時對你的要求。」在市場社會中，資本家可以自由地這麼做，因為如我們所知，市場社會就是大家開出價格競逐各種東西的社會。另一方面，勞工也可以自由地說：「你無權強迫我每天工作十四小時。你無權利用我的勞動力做任何你想做的事，尤其是如果那會縮短我的壽命、危及我的健康和幸福。我只願意以合理的工資做合理的工作。」

鑑於市場社會的性質，資本家和勞工提出自己的要求都是正當的。馬克思因此說，根據主導市場的交易法則，他們有平等的權利。他接著說，在平等的權利之間，力量起決定作用。問題如何解決，由資本與勞動之間的階級鬥爭決定。結果取決於資本與勞動之間的權力關係，而這種關係有時可能變成是強制性和暴力的。勞工一天必須工作多長時間、可以拿到多少工資，以及工作環境如何，實際上取決於資本與勞動之間的鬥爭。在交易法則下，資本家可以自由地盡可能提高對勞工的剝削率，勞工則有反抗的自由。這兩種自由之間的衝突是資本主義的日常。

自由乃雙刃劍這見解非常重要，需要更仔細審視。對這問題最好的闡述之一是經濟史學家博蘭尼（Karl Polanyi）寫的文章，他著有《鉅變》（*The Great Transformation*）一書。注意，博蘭尼不是馬克思主義者。他雖然讀過馬克思的一些著作，但他不贊同馬克思主義的觀點。不過，博蘭尼顯然曾花不少時間認真思考權利的問題和資本主義下自由的問題。他在《鉅變》中指出，自由有好的類型，也有壞的類型。他列舉的壞類型自由包括無限制地剝削他人的自由；賺取暴利而不為社會提供相應服務的自由；阻止技術發明用於公共利益的自由；從公共災難或自然災害中獲利的自由，當中有些災難是有人出於私利動機而祕密策畫的（娜歐蜜・克萊恩〔Naomi Klein〕在其著作《震撼主義》〔*The Shock Doctrine*〕中探討「災難資本主義」時，討論了此一觀點。）博蘭尼接著指出，這些不好的自由在市場經濟中壯大，但市場經濟也產生我們非常重視的那些自由，包括信仰自由、言論自由、集會自由、結社自由，以及選擇自身工作的自由。我們可能認為這些自由本身值得珍惜（我想很多人仍是這樣，甚至我們這些馬克思主義陣營中的人，包括我，也是這樣），但在很大程度上，它們是同時產生那些有害的自由的同一種經濟體制的副產品。

鑑於當前新自由主義思想的霸權，以及現存政治勢力向我們呈現自由的方式，博蘭尼解答這種自由雙重性的方式顯得非常奇怪。他寫道：「市場經濟消逝（也就是我們超越了市場經濟），或許能開啟空前自由的時代。」也就是說，真正的自由始於我們擺脫了市場經濟——這真的是令人震驚的說法。他接著說：

> 法律上和實際的自由，可以變得遠比以前廣闊和普及。監理和控管可以替所有人實現自由，而非僅限於少數人。自由不再附屬於特權，在源頭便已腐化，而是一種規定的權利，遠遠超出政治領域的狹窄範圍，延伸至社會本身的細緻組織。因此，工業社會的悠閒和安全產生新的自由之餘，舊有的自由和公民權也得以保存。這樣的社會是可以既正義又自由的。

注意，在我看來，這個基於正義和自由、正義和自主的社會理念，正是一九六〇年代的學生運動和所謂六八世代的政治議程。當時人們普遍要求正義和自由：不受國家壓迫的自由，不受企業資本壓迫的自由，不受市場壓迫的自由，但種種自由也受社會正義的要求約束。正是在這種背景下，我寫了我的第一本基進著作《社會正義與城市》（*Social Justice and the City*）。在一九七〇年代，資本主義對此的政治回應非常有趣。它審視這些要求，最後實際上是說：「自由方面，我們願意讓步（雖然會有一些限制），但請你們忘了正義。」資本主義在自由方面的讓步是有限度的：它容許的自由主要是在市場中做選擇的自由。自由市場和不受國家規管的自由，就是對自由問題的答覆。但大家就忘了正義吧。正義將靠市場競爭造就——市場競爭的組織方式據稱可以保證人人得到應得的回報。但結果就是以良性自由的名義釋放許多有害的自由，例如剝削他人的自由。

這種轉向是博蘭尼清楚意識到的。他觀察到，通往他所設想的未來之路被一種道德障礙擋住了，而這種道德障礙就是他稱之為「自由烏托邦主義」（liberal utopianism）的東西。我認為我們現在仍面臨這種自由烏托邦主義造成的問題。它是一種意識形態，在媒體和政治話語中無所不在。例如美國民主黨的自由烏托邦主義就是阻礙我們實現真正自由的東西之一。博蘭尼寫道：「規畫和控管受抨擊，被說成是剝奪自由。自由企業和私有產權制度被宣稱為自由的必要條件。」這正是新自由主義的主要思想家所提出的。這是傅利曼（Milton Friedman）的觀點，也是海耶克（Friedrich Hayek）堅持的理念——他們都說，只有建基於私有產權和自由開放的市場中的個人自主的社會，才能保證個人不受國家宰制的自由。

「因此，規畫和控管受抨擊，被說成是剝奪自由。私有產權制度被宣稱為自由的必要條件。他們認為建立在其他基礎上的社會，無論如何是稱不上自由的。政府監理產生的自由，被貶為非自由。政府監理造就的正義、自由和幸福，被斥為奴役的偽裝。」

對我來說，這是我們這個時代的關鍵問題之一。我們是要超越市場決定的有限自由，以及供需法則（馬克思稱之為資本的運動規律）對我們生活的約束，還是要接受除此之外別無選擇，一如柴契爾夫人當年所講？我們擺脫了國家的控制，但成了市場的奴隸。右派宣稱除此之外別無選擇，除此之外沒有自由，而許多人相信了。

這就是我們當前處境矛盾之處：我們以自由之名，實際上奉行一種自由烏托邦意識形態，而它妨礙我們實現真正的自由。如果一個人為了接受教育，必須支付巨額費用，為此背負必須花很長歲月才能還清的學生債務，我不認為這是一個自由的世界。這其實是以勞役償債，是人為了還債而淪為奴隸，是我們必須避免和限制的事。我們應該提供免費的教育，不應該對接受教育者收費。醫療照護也應該是這樣，基本的居住和營養需求也應該是這樣。

回顧過去好幾十年，我們會發現，在一九六〇年代，政府提供不少社會住宅，現在是完全沒有了。例如在英國，一九六〇年代的房屋供給很大一部分來自公共部門，這就是社會住宅。在我成長的年代，社會住宅是以合理的低價提供一種基本必需品。後來柴契爾夫人上台執政，將所有社會住宅私有化，實際上告訴英國人：「如果你擁有自己的房子，你會自由得多，還真的可以成為有產民主（property-owning democracy）的一部分。」在此情況下，我們就從公共部門提供百分之六十的房屋，突然變成只剩下百分之二十左右，或甚至更少。房屋變成一種商品，然後商品成為投機活動的一部分。受房屋成為投機工具影響，房價上漲，居住成本上升，而直接的房屋供給實際上並未增加。

當我還是個孩子的時候，我成長於一個或許可稱為體面的勞工階級社區的地方，那裡的居民擁有自己的房子。當年多數勞工階級並不擁有自己的房子，但也有部分勞工階級擁有自己的房子，而我剛好成長於後者聚居的社區。當時我們基本上只重視房子的使用價值（use value），視其為我們居住和做事的地方。我們從未真正討論房子的交換價值（exchange value）。最近我看到一些數據，它們顯示勞工階級住宅的價值一百多年間幾乎完全不變，直到一九六〇年代。

然後在一九六〇年代，人們開始重視房子的交換價值而非使用價值。人們開始問：「這房子值多少錢？我們可以提高它的價值嗎？如果可以，我們如何提高它的價值？」突然間，人們開始重視影響交換價值的因素。然後柴契爾夫人上台，她告訴大家：「好的，我們就來把所有社會住宅私有化，以便人人都可以參與房屋市場，開始受惠於交換價值上漲。」房屋作為一種交換價值的問題開始變得重要。

這種發展的後果之一，是以收入衡量處於社會底層的人越來越難找到地方住。他們無法住在上班方便、容易找到工作的中心地段，越來越傾向被迫遷離城市中心和精華地段，然後為了工作每天花在通勤上的時間越來越長。到了一九九〇年代，房子成了投機獲利的工具。在投機壓力下，房屋價值往往急漲（雖然也相當波動）。總體結果是大量底層人口找不到地方住。社會製造出許多無家可歸者，我們面對平價住宅不足的危機。

我年輕的時候，社會主義的英國有一些無家可歸的人，但非常少。但是現在，如果你身處倫敦或類似的大城市，你會發現街上越來越多無家可歸的人。紐約市有六萬名無家可歸者。現在頗大一部分孩子是沒有家的，他們並不是睡在街上，而是流轉於不同親友家裡，睡在收留者家裡的沙發上——這就是所謂的「沙發衝浪」（couch surfing）。這絕不是創造團結的社群的方式。

眼下世界各地的城市正在建造大量房屋。但這種建設是投機性的；我們實際上是在建設城市供人們做投機之用，而不是建設城市供人們生活。如果我們建設城市是為了滿足投資需求而非生活需求，我們就會遇到紐約市那種情況：城市裡出現迎合有錢人市場的住宅營建熱潮，同時出現平價房屋不足的重大危機。你需要至少一百萬美元才能進入有錢人的房屋市場。就房屋的使用價值而言，大眾未能得到良好的服務；他們很難得到足夠的房屋使用價值。與此同時，我們正在為富豪建造昂貴的豪宅。紐約市前市長彭博曾雄心勃勃地希望全球每一名富豪都前往紐約投資，在公園大道或類似的地段擁有豪華公寓。而事實一如彭博期望：阿拉伯酋長以及來自印度、中國或俄羅斯的富豪，真的在紐約擁有豪宅，但他們並不住在紐約，每年可能只是到紐約一、兩次。這種運作絕對無法成為大眾在體面的生活環境中享有體面的生活條件的基礎。

我們眼下建設城市、建造房屋的方式賦予上層階級大量自由，但與此同時實際上導致其他人不自由。我認為這正是為什麼馬克思會提出以下的著名評論：我們必須真的滿足了基本需求，才可以實現自由。眼下紐約市有的是投資的自由，以及上層階級選擇居住地的自由，而大眾則幾乎沒有任何選擇。市場自由正是以這種方式限制我們享有的可能，而站在這個角度，我認為社會主義者應該像博蘭尼所建議的那麼做，也就是把獲得自由、滿足居住需求的問題集體化。我們把它從單純市場上的東西變成公共領域的東西。公共領域的房屋是我們的口號。

這是當代體制中社會主義的基本理念之一：把事情納入公共領域。英國工黨是對當前要務抱有強烈的民主迫切感的少數傳統政黨之一，該黨認為公共生活中的許多事務應該退出市場、回歸公共領域，例如交通就是這樣；這使我得到一些鼓勵。如果你在英國對任何一個人說，鐵路運輸私營化造就了一個比較有效率的運輸系統，每一個英國人都會嘲笑你。因為他們非常清楚鐵路私營化的後果：這是一場災難；事情未有協調，結果一團糟。城市的公共交通也是這樣。供水也私營化，據說應該是好事；但結果我們發現，水是要收費的。水是基本必需品，不應該經由市場提供；靠市場供水的結果是你必須付水費，但供水服務並不好。

工黨因此說：「你看，這些東西是大眾的基本必需品，它們不應該經由市場提供。我們將終止這種學生貸款生意；我們將終止這種教育私營化運作；我們將把目前靠市場提供的基本必需品轉移到公共領域。」我認為有一種衝動想說：「我們來接手這些基本必需品，把它們撤出市場，改用另一種方式提供。」我們可以對教育這麼做，我們可以對醫療照護這麼做，我們可以對房屋這麼做，我們應該對基本食物供給這麼做。事實上，一些拉丁美洲國家已經做過實驗，以優惠價格向低收入家庭提供基本的食物。我看不到有什麼理由我們不應該為現今世界的多數人提供基本的食物。

這正是為什麼我們會說，我們必須真的提供所有的基本必需品，使人人都可以過不匱乏的體面生活，自由才有可能實現。而這正是社會主義社會追求的自由理念。但我們必須集體努力，以一種集體的方式做到這一點。唉，可惜英國工黨在選舉中慘敗。但我堅信工黨選舉失利並不是因為它提出進步的想法（大眾其實相當支持這種進步的計畫），而是因為工黨未能果斷處理英國脫歐問題，以及沒有能力應對大眾媒體對工黨各種所謂失敗的抨擊。

最後要說一點。人們常說，為了實現社會主義，我們必須放棄我們的個性，必須放棄一些東西。嗯，某程度上可能是這樣；但一如博蘭尼堅稱，如果我們可以超越個人化市場自由的殘酷現實，就有可能實現更大的自由。我認為馬克思想說的是：我們的任務是盡可能擴大個人自由，但我們必須滿足了基本需求，才有可能完成任務。社會主義社會的任務不是規管社會上發生的一切；完全不是這樣。社會主義社會的任務是確保所有的基本必需品都有保障，人人免於匱乏，因此可以按照自己的意願適時做自己想做的事。

個人不但必須有資源去做想做的事，還要有時間去做這些事。自由、閒暇、真正自由的時間，對社會主義社會的理念絕對是至關緊要。每個人都有真正的閒暇去做自己喜歡的事，這是衡量社會主義理想的標準。如果你現在問人「你有多少空閒時間」，你得到的答覆往往是：「我幾乎沒有任何空閒時間。所有的時間都被各種事情占據了。」如果真正的自由是我們有空閒時間去做我們想做的任何事，則社會主義解放計畫認為這是其政治使命的核心。這是我們全都可以而且必須為之努力的事。

第七章　中國在世界經濟中的重要性

二〇一九年一月二日，美國股市收盤後，蘋果公司[16]宣布將無法達成營收目標，尤其是在中國。蘋果股價立即大跌（重挫百分之六），而第二天，已經損失慘重的股市再跌百分之二．五。有趣的是，引發這問題的是蘋果智慧型手機iPhone在中國銷量不如預期。iPhone當然是在中國製造的，但中國也是iPhone的一個重要市場。蘋果對此的正式解釋，主要是中國消費市場因為若干原因變得疲軟，而蘋果舉出的主要原因是川普對中國發起關稅戰。但後來的報導相對低調提到的另一個原因，是中國消費市場停滯。

但細察之下，我們會發現蘋果iPhone的受歡迎程度衰退，在中國的市占率已降至只有百分之七。智慧型手機百分之八十的市場落在中國企業手上，例如華為、小米、Oppo、Vivo，而中國以外的人可能沒聽過這些公司。二〇一〇年時，這些公司多數只是名義上存在。在智慧型手機、電腦和類似產品方面，中國的產量驚人增加，當中很多產品的成本低得多，作業系統易用得多，而且非常迎合中國消費者的使用需求。許多中國城市短短三年間就從主要使用現金變成幾乎完全不使用現金，而容易使用、中國製造的智慧型手機就是他們的支付工具。這是我有親身經歷的事。在那些城市，我甚至不能拿現金買一杯咖啡。

我之所以提到這一點，是因為有關當前世界局勢的許多當代敘事，未能充分認識到中國在全球經濟中的重要性。但正如蘋果的案例告訴我們，中國的動態將決定全球資本主義的總體發展。事實上，中國已經發揮決定性的作用一段時間，尤其是自二〇〇七至二〇〇八年危機以來。在二〇〇七至二〇〇八年，中國經濟擴張拯救了資本和資本主義，使世界經濟免於陷入蕭條。我們也必須認識中國經濟的巨大規模及其轉型之迅速。中國的主要城市短短三年間從現金經濟變成無現金經濟，就是一個例子。

但我們先來講中國經濟的規模。以傳統的國內生產毛額（GDP）標準衡量，中國目前是世界第二大經濟體。但如果以購買力平價標準衡量，也就是考慮當地貨幣的購買力，則中國目前是全球最大的經濟體。如果中國經濟蓬勃發展，其他國家的經濟也將蓬勃發展。如果中國經濟陷入衰退，資本的演化將受到巨大的影響。

另一方面，對反資本主義者來說相當重要的是，中國仍堅持其馬克思主義立場。統治中國的仍是共產黨，而雖然許多人會說中國共產黨現在實際上是個資本主義階級政黨，但它名義上仍是共產黨，仍聲稱馬克思、列寧、毛澤東、鄧小平和習近平的思想對他們的抱負至為重要。該黨上一次黨代表大會宣稱，他們計畫在二〇五〇年前在中國建立完全社會主義的經濟，以平等、民主、與自然保持和諧關係，以及美麗和卓越的文化世界為特徵。這個使命將

16 原文寫 Apple Computer，但該公司早在二〇〇七年已更名為 Apple Inc.，然後蘋果那天主要是在講 iPhone 的銷量問題，並不是蘋果的電腦銷量問題。可參考：https://www.cnbc.com/2019/01/03/apple-stock-falls-after-cutting-q1-guidance-on-weak-iphone-sales.html.

靠共產黨發揮作用達成。該宣言明確告訴世人，中國眼下不可能有民主，共產黨繼續統治至關重要，而該黨將促成中國轉型至具中國特色的社會主義。

在我看來，我們這些關心社會主義前途的人，必須認真看待中國正在發生的事和中國的計畫。我們必須謹記兩個問題，首先是：社會主義的前途多大程度上取決於中國正在發生的事，以及那將是什麼樣的社會主義？第二個問題是：全球社會主義的未來是否將取決於中國可能發生的事，取決於中國向具中國特色社會主義經濟轉型的計畫？

我認為所有左派人士都應該關注這些問題，因為在某種意義上，在我們所處的世界裡，馬克思所講的「競爭的強制法則」對確定我們是怎樣的人非常重要。而我們在很大程度上與中國競爭，中國也在很大程度上與我們競爭。這種競爭不僅是經濟上的，也是政治和文化上的。這是川普政府使我們清楚意識到的事情之一。我們必須以一種更連貫的方式思考中國。

我不是中國問題專家。我真希望自己對中國的認識比現在多得多，真希望我懂中文。我去過中國幾次，讀過有關中國的大量資料。我試著追蹤中國的動態，尤其是財經媒體上的中國動態。但我必須承認，我對我提出的問題還沒有非常明確的答案。我未能清楚分析那裡發生的所有事。中國顯然是個非常複雜的社會，但我在致力解答關鍵問題的過程中，仍看到了一些非常突出的事。

第一件事是一九七八年發生的大轉變，當時鄧小平與一群年輕人審視局勢，實際上得出這樣的結論：「我們必須改變一些東西，而改變的方式必須能夠幫助我們大幅提升經濟生產力。」當時中國經濟陷於停滯，他們面臨這種狀況：世界銀行一九八〇年估計，中國有八・五億人生活非常貧困，而且情況並未逐漸改善。這是一件事。

另一件事是當時中國周邊國家發展得非常快，正非常迅速地提升生活水準。日本經歷了這種快速發展，韓國經歷了這種快速發展，而更重要的是，中國人認為是中國一部分的臺灣也是這樣。當時名義上是中國一部分的香港是這樣，新加坡也是這樣。因此，當時的情況是海外華人社會經濟蓬勃，變得相當富有，而中國大陸本身卻面臨經濟停滯不前的窘境。

共產黨領導層撇開可能直接來自帝國主義勢力的攻擊，認為上述情況非常危險。他們認識到，一如馬克思所言，自由領域始於滿足了基本需求。在他們可以真正開始說中國是個開發中國家之前，他們必須滿足中國民眾尚未滿足的巨大基本需求。正是在這種情況下，他們決定為中國經濟引入一個在未來多年變得至關重要的元素。他們將迫使經濟實體相互競爭以提高生產力。其機制是將市場力量引入經濟。

當然，在這過程中，他們曾請教西方經濟學家。一九八〇年米爾頓・傅利曼曾訪問中國。在中國，大學教授經濟學的方式大有改變，因此你現在去中國，會發現大學經濟系裡沒什麼人曾非常認真地研究馬克思學說。多數經濟學系的教職員是在麻省理工、史丹佛大學之類的地方獲得他們的博士學位。中國人很懂新古典經濟學，所以他們分析經濟的方法開始改變，他們的政策也開始改變。馬克思政治經濟學被視為哲學而非經濟學的一個分支。

中國的這種轉變驚人地成功。環顧世界各地脫離共產主義或社會主義、轉為奉行資本主義的其他國家，例如前蘇聯帝國的成員國，它們全都經歷了長期和往往非常嚴重的經濟災難，至今還沒有完全復元。另一方面，中國的發展非常迅速。世界銀行估計，在二〇一四年，中國貧困人口已降至四千萬，遠低於一九八〇年的八・五億。中國最近計畫在二〇二二年完全解決貧困問題。無論你對此有何想法，中國人的生活水準，他們獲得商品、物資的機會，無疑都已大大提升。這是驚人的成就。但中國的成就並非僅此而已，它還發展出全新的生活方式。

快速的都市化徹底改變了許多中國人的日常生活。到了一九九〇年代，中國已經有數百座城市擁有超過一百萬名居民。現在的都市化速度約為每年百分之十五，大量人口從農村地區遷移到城市。一九九〇年代有些估計指出，過去十至十五年間，中國約有三億人從農村遷入城市。相對之下，愛爾蘭在一百年間可能共有三千萬人移民到美國。我們比較中國發生的事與世界其他地方曾發生的事，會發現中國轉變的速度和規模相當驚人，在人類歷史上是空前的。

我們來看全球資本主義最近因為中國出手拯救而免於完全崩潰的一個例子。二〇〇七至二〇〇八年，全球經濟陷入危機。這場危機重創美國消費市場，那些仰賴美國消費市場的企業和國家因此陷入衰退。中國出口業在二〇〇七至二〇〇八年據稱損失了約三千萬個職位。在那段時期，中國出現嚴重的勞工騷動。中國勞工抗議事件之多引起媒體關注，那一年有很多中國企業破產。許多公司拖欠員工工資長達六個月。許多失業者流落街頭，一無所有。

中國面臨巨大的危機。但到了二〇〇九年，國際貨幣基金組織和國際勞工組織做了一項調查，希望回答這問題：「二〇〇七至二〇〇八年的崩盤在全球造成多大的就業淨損失？」美國的就業淨損失約為一千四百萬人。但中國的就業淨損失僅為三百萬人。中國以某種方式，在一年半的時間裡創造了兩千七百萬個職位。這絕對是驚人的。我第一次看到這消息時說：「這是聞所未聞的事。」但在看了更多資料之後，我發現中國在整個二〇〇〇年代每年都創造約兩千萬個職位。中國在就業方面本來就已經出現巨大的轉變，他們只是加倍努力以應付全球經濟危機。

在二〇〇七至二〇〇八年，中國無法在出口業創造職位，因為出口業嚴重受創，許多出口業者破產。因此，中國所做的是擴大一九九〇年代已經展開的一項操作。他們擴大基礎建設投資，尤其是在人造環境方面。我有一個常用來說明這一點的圖表，它顯示中國的水泥使用量。水泥使用量如果很大，那就意味著營建活動十分活躍。二〇〇七至二〇〇八年之後，中國的水泥使用量增加了兩倍，結果在二〇〇九至二〇一二年間，中國兩、三年內用掉的水泥遠遠超過美國一百年的總用量。如果你現在住在美國，你會知道這裡用掉大量水泥，但中國的水泥使用量更是驚人，他們幾乎是無休止、無限制地在建設。他們在建設新的城市，他們在建設新的道路和高速公路，他們建了一個高速鐵路網。二〇〇八年時，中國沒有高速鐵路，但到了二〇一四年，他們已經有約一萬五千哩的高速鐵路，現在則是有兩萬哩左右。中國的基礎建設投資激增，而這一切全都需要大量原物料。

如果你記得二〇〇七至二〇〇八年之後發生的事，你會想起當時美國有人提議：「我們可以使一切恢復正常：你看我們有許多橋梁搖搖欲墜，我們應該投資於基礎建設。」但這種提議在政治上不可行，因為共和黨人大力反對，他們說：「我們必須緊縮財政，你不能擴大預算，你不能做這些事。」結果美國奉行財政緊縮政策，歐洲也確立財政緊縮立場，日本也鼓吹這種政策。資本主義世界鼓吹財政緊縮政策的人說：「二〇〇七至二〇〇八年的危機是債務危機，我們必須償還債務，我們該怎麼做？我們應該奉行財政緊縮政策。為了還債，為了使經濟回到良好的基礎上，人們必須承受痛苦。」然後你看看這對希臘之類的國家意味著什麼，你就看到這種政策的可怕後果。

中國人的做法恰恰相反，他們說：「好吧，我們遇到了這問題，我們有很多人無所事事，社會動盪不安，我們必須設法使這些人重新投入工作，我們必須創造數以百萬計的就業機會，而且必須非常迅速做到，我們的辦法是增加建設。我們將建設，建設，再建設。我們要如何為此埋單？我們不在乎。我們實際上將為此欠債，或以其他方式埋單。」中國人以他們自己的貨幣舉債，而不是欠下外幣債務，結果他們因此得以擺脫危機。當然，如果他們瘋狂建設，他們將需要大量原物料。結果之一是，為中國提供鐵礦砂或其他原物料的經濟體，全都相當快地擺脫了二〇〇七至二〇〇八年的危機。例如澳洲就為中國提供大量礦產資源。拉丁美洲也經歷了二〇〇七至二〇〇八年的危機，但受傷的程度沒有一般情況下那樣嚴重。智利等國家瘋狂地向中國輸送銅，其他拉丁美洲國家則輸出大豆和礦物。這正是為什麼我說中國在二〇〇七至二〇〇八年救了全球經濟。

中國經濟的驚人擴張當時至關重要，此後也一直至關重要。中國的GDP成長實際上是支持全球經濟二〇〇七至二〇〇八年之後復甦的最重要因素。但一如我已經指出，中國經濟成長頗大一部分是靠債務融資的。債務上限也被超過了。中國發生的第二件事，是該國除了利用債務融資，還必須設法擴大其內部消費市場。他們必須在中國經濟中建立消費能力。注意，這是對全球具有重大意義的事，因為外國資本並非只是希望利用中國生產低成本的商品，他們還希望中國成為重要的消費市場。

我在本章開頭提到，中國市場對蘋果公司非常重要，儘管它在該市場的表現已經不是很好。除了蘋果，還有一些公司在中國有規模巨大的業務。例如星巴克在中國的咖啡店據稱比美國還多。如果川普對付中國人的手段太過分，我不難想像他們限制星巴克的中國業務，因此美國企業或許將普遍難以在中國做利潤豐厚的生意。一些美國汽車公司已經陷入與中國當局的複雜關係中。這可能是中國可以反擊川普關稅措施的手段之一。中國的汽車市場如今是全球最大的，美國汽車業者承受不起被排除在外的代價。

中國的內部市場正在成長，但它必須以特定的方式成長。例如你若以中國人的建設速度蓋房子，你將需要很多人買下那些房子，或是有錢投資於那些房子。為此他們必須能夠借到錢。二〇〇七至二〇〇八年之前，在中國要獲得房屋抵押貸款並不容易。但隨著規模巨大的房屋建設潮展開，他們不得不創造新的工具，以便人們獲得資金購屋。金融部門必須擴張，以便放款給企業去蓋房子，同時滿足民眾購屋的資金需求。這意味著當局必須強化金融機構以支持這整個過程。

文化大革命期間，也就是一九七八年以前，中國幾乎是沒有銀行。一九七八年之後，中國銀行業非常快速地發展。尤其是約從一九九五年之後，銀行開始在中國社會中發揮遠比以前重要的作用。現在世界上最大的四家銀行是中國的銀行。所以中國從一九七八年幾乎沒有銀行，發展到現在擁有全球最大的四家銀行——第五大銀行是一家日本銀行，第六大銀行是美國的摩根大通。在美國，我們很多人以為我們擁有全球最大和最強的銀行，但事實上，中國有四家銀行比我們最大的銀行大得多。中國那些銀行借錢給房地產開發商，當然也借錢給消費者。中國經濟正以非常快的速度金融化。這是中國經濟正以空前的速度根本改變的另一個關鍵面向。

中國現在也認識到，如果低薪和勞力密集的生產方式是僅有的工業化形式，那就不可能建立充滿活力的經濟。中國現在打算推動經濟轉型，希望未來主要以資本密集的方式生產高價值的商品。中國忽然湧現的手機和電腦新業者，正是可能在這方面發揮重要作用。我們同樣要注意這一切發生的速度。中國很多創業者、科學家和工程師都曾在美國接受培訓，當中很多人曾在蘋果和Google以及微軟之類的電腦業者工作。中國內部出現了一場有趣的辯論，爭論的是他們能否創造一個中國的矽谷。如果可以，如何能夠做到？

外界對中國的一大誤解，是西方人人都認為中國是個高度集權的經濟體。事實不然。它是一副令人難以置信的機器，集權與分權相輔相成。其基本運作方式是北京的黨中央提出一些想法，然後全國各地以完全分權和在地化的方式做出反應。人們致力尋求以自己的獨特方式回應中央政府的要求。中央政府提出想法，地方政府決定如何處理。分權是中央權力永續非常重要的手段。

中國人採用的方法是他們遇到問題時，會以某種方式把解決問題的任務分包出去。中央政府會邀請各層級的地方政府幫忙解決問題。如果某個地方解決了問題，中央政府會指示全國各地以此為模範解決問題。這整個系統意味著你需要非常活躍的在地創業者。中國各個地方似乎彼此隔絕。它們在中國國家的整體中形成競爭實體，彼此激烈競爭。

中國的地方市長不是選舉產生的，而是黨任命的。市長的平均任期為三年半，我們就假定是四年吧。所以你會當四年的市長，四年任期結束時，你將接受績效考核。你是黨的人，黨將看你做了什麼。四年任期結束時，黨將用一個試算表衡量你的成就：你使當地GDP成長了多少？你在確保社會和諧方面表現如何？最近有人告訴我，這個試算表如今涵蓋約四十個項目，而以前只有七或八個。當中一個關鍵衡量標準是：「你使當地經濟成長了多少？」

作為一名地方市長，你有四年時間發展當地經濟。如果你表現出色，地方經濟大有進步，而且你能維持社會和諧，黨就可能安排你到其他地方擔任要職。你可以藉由這方式在黨組織中步步高陞，最終甚至可能進入北京的中央委員會。但在你的四年任期內，你將竭盡全力做出成績。你有很大的自由發揮空間，不但可以致力於北京提出的想法或問題，還可以致力於一些看來效果很好的在地做法，期望在做出成績後獲得中央政府的讚賞和獎勵。但也有一些矚目的案例是黨不同意地方的做法，結果地方官員遭斥責、降職，或甚至被送進監獄。

一對有矽谷經驗的創業者向北京市政府提議，在北京市建立一個高科技創新園區，為電子和高科技公司建立創新育成中心。中國的地方政府可以輕鬆清理出一個地區做特定用途，因為中國所有土地都是國有資產。北京市短短六個月內就清理出一個地區，趕走原本住在當地的所有人，創造出一個名為「創業者大道」的空間。他們創立一個新組織，方便新創企業獲得育成中心照顧，投入了所有必要的支援設施。他們集結新創企業可能需要的所有服務。當時北京面臨辦公租金高昂的問題，政府因此邀請新創企業免租金入駐創新園區。想像一下紐約或倫敦做這種事。

這個計畫非常成功。它發展出一個競爭極其激烈的創業園區，盛行中國人所講的「山寨文化」。這個地方完全不尊重智慧財產權。如果有人提出一個好主意，其他人會立即偷來用。因此，如果你有好主意，你必須非常迅速地付諸行動，因為若非如此，別人會盜用你的構想。這是一種極其動態的情況。在北京的這個地方，企業開始開發各種類型的新電話系統和利用它們的新結構，創新、擴散和執行的各個階段在很短的時間裡發生。

中國就是這樣創造了它的矽谷，只花了三年左右的時間。但這個地方的哲學和文化與矽谷非常不同。例如在矽谷，盜用別人的構想是一種惡行。李開復在其著作《AI新世界》（*AI Superpowers: China, Silicon Valley and the New World Order*）中這麼說：

> 矽谷創業家被封為全美最賣力工作的一群人，年輕、熱情的創辦人召集一群同樣瘋狂的有志之士，開夜車把產品趕出來，然後不斷地進行修正、迭代，一邊關注下一波的重要趨勢。矽谷創業家確實工作得非常賣力，但我在矽谷和中國科技圈都待過幾十年的時間，曾經任職過蘋果、微軟、Google等公司，後來移居中國，致力培育、投資中國的新創公司。我們可以告訴各位，和北太平洋彼岸的中國創業家比起來，矽谷創業家可說是懶散了。中國成功的網際網路創業家，幾乎都是從世界上最殘酷的競爭中脫穎而出的，在他們的世界

裡，速度只是基本必須，山寨是可以接受的實務，競爭者為了贏得新市場不擇手段。在中國創業圈，每天都是火的試煉，就像古羅馬競技場上的鬥士，不是你死就是我活，對手毫無顧忌。

正是這樣的世界創造出那些二〇一〇或二〇一一年之前不存在的公司，它們突然湧現，幾乎是一夜之間占據了中國百分之四十的手機市場。這正是那裡正在建構的世界。這為我解釋了一些東西，這種山寨經濟，它當然是令美國創業者非常惱火的事物之一，因為中國內部並不保護智慧財產權，也不怎麼尊重中國以外的智慧財產權。李開復接著談到，中國正創造出來的這個另類數位世界如何成為評價每一個人的標準。我有時會去南京。我第二年去那裡時，曾去當地的規劃辦公室看一個大型展覽，主題是在南京創造一種矽谷文化。中央政府看到北京創業圈的情況之後，實質上向中國所有的城市說：「大家都這麼做吧。」這意味著中國將進入高科技、人工智慧和許多其他高附加值的活動。這就是現在正發生的事。

這種情況體現在本章開頭所講的蘋果公司故事中。在這個領域，來自中國的競爭者很快就變得非常勇猛、非常優秀，嚴重威脅到美國企業。例如中國有一家大型新企業叫華為，該公司財務長在加拿大被捕，因為美國認為華為與伊朗有違法的交易。美國近年一直基於安全理由猛烈抨擊華為。這當中的事，顯然並非只是華為與伊朗交易那種問題。華為涉及大量創新。

可以處理巨量數據的第五代通訊系統（5G）即將投入使用。華為在開發5G網路技術方面遙遙領先，其他公司在技術上無法競爭。美國宣稱，我們不應該採用華為的5G技術，因為這將使中國政府能夠監控每一個人的通訊內容。美國說採用華為技術的5G網路不安全，無法保證網路不被中國政府監控。這是美國政府的論點，而美國在此基礎上禁止採用華為的5G技術。在美國施壓下，一些國家已經追隨美國的做法，例如澳洲和紐西蘭，而美國也正致力遊說歐洲各國（尚未成功）。事實上，英國最近已經接受有限度採用華為的技術。世界上其他國家多數選擇採用華為的技術，因為它品質比較好，也比較便宜。

在此我們同樣應該注意變化的速度。二〇〇八年時，我們認為中國這樣一個國家和經濟體，是建基於廉價勞動力的世界工廠。中國目前仍是一個非常重要的低工資工業經濟體。但是自二〇〇八年以來，中國突然大舉發展高科技，並且在短短八年間，已自我定位為高科技產業的重要競爭者。如果你看全球前十大高科技公司，會發現目前當中有四家是中國企業。二〇〇八年時就不是這樣。這就是運轉中的中國模式。它非常快，非常迅速，獲得政府支持，而且享有規模巨大的優勢。這種模式結合有力的政府干預，但也是高度分權的，因此在中國正浮現、或許可稱為「角鬥士資本主義」（gladiator capitalism）的模式中，創業文化已變得絕對必要。

講到這裡，我認為我們必須問這個問題：這是否就是資本主義（而非中國）的未來？在歷史上，資本主義的成長通常仰賴不均衡的地域發展。某個地方的發展特別突出，因此掌握霸權。如果我是在一九八〇年代做這種演講，我們討論的將是日本，又或者當時經濟特別強勁的西德。它們是當年最優秀的經濟體，因此人人都必須學習日本人的各種做法，所以人人都開始談論「及時制」（just-in-time）生產系統，以及諸如此類的東西。到了一九九〇年代，日本已陷入危機，德國則因為統一而經歷一些混亂的情況。誰是一九九〇年代的老大？嗯，當時有華盛頓共識，美國在柯林頓時代重拾經濟成長動能，經歷了一場網路熱潮。美國重新確立了它在全球經濟中的老大地位。美國知識分子宣稱我們已走到「歷史的終結」，並且說：「人人都必須像我們一樣，因為我們已經知道資本主義應該是怎樣和不應該是怎樣。」但隨後就出現二〇〇一年的經濟崩潰，數年之後是房地產泡沫，然後是二〇〇七至二〇〇八年的崩盤。到這時候，在一種非常競爭和不穩定的環境中，誰是老大、誰是大家應該模仿的對象，逐漸成為一個有趣的全球問題。不同的區域霸權似乎正在形成。世界出現了中國的圈子、北美的圈子和歐洲的圈子，日本則不安地處於這些圈子之間。

因此，眼下的情況是中國開始占據老大的位置，而如果中國真的成為老大，你會問自己：這將是一種怎樣的資本主義？由此就講到人工智慧，因為中國已經認定人工智慧是世界的未來。那麼，人工智慧追求什麼？嗯，人工智慧是希望找到一種方法，使生產過程不再需要勞動力，而我認為我們面臨的關鍵問題是：勞工將有何遭遇？這個問題的答案將告訴我們中國共產黨在多大程度上真的信奉社會主義。

第八章　資本主義的地緣政治

我想談資本的地理和地緣政治問題，因為我來自地理學術背景，覺得自己探討資本問題時，總是應該以某種方式加入一些地理分析。為了從馬克思主義的立場探討這問題，我們必須認識到，馬克思在《資本論》中一開始就指出，資本主義生產方式是財富以商品的形式衡量或「出現」的一種生產方式。《資本論》這本書是從商品的理論講起。商品經濟和商品政治文化興起，可說是由來已久。莎士比亞（William Shakespeare，馬克思最喜歡的作家之一）在歷史劇《約翰王》（*The History of King John*，第二幕，第一場）中這麼敘述這種轉變：

瘋狂的世界！瘋狂的國王！瘋狂的和解！……
那個笑臉迎人的紳士，使人心癢骨酥的「利益」。
「利益」，這顛倒乾坤的勢力；
這世界本來安放得好好的，
循著平穩的軌道平穩前進，
都是這「利益」，這引人作惡的勢力，
這動搖不定的「利益」，
使它脫離了不偏不頗的正道，
迷失了它正當的方向、目的、路線、意圖；

就是這顛倒乾坤的勢力，這「利益」，
這牽線的淫媒，這掮客，這變化無常的名詞……
為什麼我要辱罵這「利益」呢？
那只是因為他還沒有垂青到我身上。
並不是當燦爛的金銀引誘我的手掌的時候，
我會有緊握拳頭的力量；
只是因為我的手還不曾受過引誘，
所以才像窮苦的乞丐那樣咒罵有錢人。
好，當我是窮人的時候，我要信口謾罵，
說富有是唯一的罪惡；
而要是有了錢，我就要說，
貧窮才是最大的壞事。
既然國王們也會因為「利益」背信棄義；
「利益」，做我的君主吧，因為我要崇拜你！

莎士比亞寫這齣戲時，正值商業資本開始崛起於英國和西歐的歷史時刻。一切事物的貨幣化開始變得非常重要。在此之前，人們組織自己的思想和行為，主要是基於對親屬和家族的忠誠，而人與人之間的許多交換是以實物進行。忠於家族與順從金錢利益的差別，經常出現在莎士比亞的戲劇中。

這種差別甚至出現在今天的文藝作品中。例如在現代流行電視劇《冰與火之歌：權力遊戲》（*Game of Thrones*）中，忠於家族與追求金錢勢力的衝突就是相當突出的主題。兩者涉及不同的空間性。對家族的忠誠與領土有關，金錢則很容易跨越邊界。一方面是各大家族之間的對抗，包括蘭尼斯特家族、史塔克家族和提利爾家族；人們是忠於某個「王國」、某個人或某個家族。這種忠誠與追求黃金不同，後者體現在鐵金庫（Iron Bank）的參與上。家族處於特定的地方和時空，因此往往以領土界定。史塔克家族在北方，蘭尼斯特家族在南方，諸如此類。他們的忠誠嵌入一種領土結構中。各家族和派別之間的戰爭發生在這些領土結構中。

在莎士比亞時代的歐洲，這種戰爭是混亂和偶發的，涉及各種不同的聯盟。情況可能令人困惑，因為往往難以辨明誰支持誰，以及各個派別為何改變立場。一六四八年的《威斯特伐利亞條約》（Treaty of Westphalia）為整個歐洲的混亂局面帶來一些秩序。該條約終止了長期的宗教戰爭、種族戰爭、部落戰爭和所有人之間的戰爭。它基本上確立了這個觀念：世上應該有國家、民族國家這種東西，而國家之中應該有主權。其基本理念是每一個國家都應該尊重每一個其他國家的主權、完整性和邊界。這在後來的歷史中並非總是成立，但《威斯特伐利亞條約》是個非常重要的和解方案。它釐清和穩定了整個歐洲的權力領土結構。一種政治和經濟權力邏輯隨之興起，它受這種固定的領土結構束縛。自一六四八年以來，人們一直嘗試在民族國家的名義下，在一國領土內創造某種權力形態，以便在內部維繫自身之餘，還能將自身投射到周圍的世界。這種權力邏輯最初是圍繞著軍事力量的部署建立的。它還依賴優越的教育和文化，尤其是菁英的教育和文化。在這背後，是有心人創造理想國家的努力。國家機構伴隨著對國內人口行使指揮和控制權的一些層級結構出現。這些制度結構成為資本家階級權力崛起的塑造和制約要素之一。

馬克思在他的著作中沒怎麼探討這些主權和權力的領土結構，雖然他常表示有意在某個時候做這件事。正因如此，馬克思主義陣營長期以來一直爭論如何建立資本主義國家的理論，而我們不得不說這種爭論至今基本上仍是沒有結論。不過，馬克思集中注意權力的另一來源，那就是對生產資料的控制和從事有利可圖的商品生產的能力。這最終轉化為控制資本流通和積累的權力以及資本流通和積累之中的權力。這種權力的最初衡量標準和軌跡在於對貨幣的控制，而在歷史上，貨幣就是黃金。這種視角產生了對當前世事的另一種理解方式。研究人員常建議，面臨某種政治問題或謎團時，應該「追查金錢流向」（follow the money）。如果你能查明金錢流向，你就會發現幕後有什麼人真正在做什麼事，以及權力在哪裡。這就是資本主義的權力形式。

因此有兩種權力邏輯。一種是依附國家及其機構的領土邏輯，另一種是資本主義邏輯，源自主要仰賴私人利益集團行為的資本流通和無止境積累。在後一種邏輯下，你可以立志成為據稱控制全球百分之八十資源的八名富豪之一，藉此掌握巨大的權力。這種權力可以用來支配和控制其他人，尤其是勞動者和勞工階級。但這種權力是在領土形式的權力也運作的情況下行使的。富豪資本家與領土國家權力的關係，經常成為一個有趣的問題。勢力強大的資本家和他們的派系經常試圖把國家變成他們自身利益的代理人。但國家權力沒那麼簡單，因為國家必須回應多元公民的需要和需求，而富豪可能不受廣大民眾歡迎。國家中掌權者的正當性是個大問題。有關金錢勢力如何在國家機器之中發揮作用，也一直有爭論。這兩種權力邏輯之間的關係最好如何理解是個問題。首先，這兩種邏輯並非互不相關。它們不斷有互動。例如富裕階層會建立國際機構來管理貨幣領域發生的事，但其管理方式是確認或改變權力的領土邏輯，並使領土菁英相對於國際資本家階級占有優勢。

例如國際貨幣基金組織（IMF）就在規管全球貨幣交易方式方面發揮重要作用。還有一些機構，例如巴塞爾的國際清算銀行，也發揮類似功能。此外還有世界銀行。許多此類機構對資本積累的途徑有很大的影響力。也有許多私營機構具有全球影響力。例如在我們的社會裡，最強大的其中一家是麥肯錫（McKinsey）。國際大型顧問、會計和法律事務所不但對法律和金融問題有巨大的影響力，它們還是許多公共政策分析的來源。掌握領土權力的人遇到難題時，往往會找麥肯錫或其他大型顧問公司提供意見。

這些公司全都通常提供新自由主義行動方案，而且它們在政策執行問題上看來都所見略同。我常與一些同事幻想創立一家左派的麥肯錫，以便如果有真心推行左派政策的人上臺執政，他們可以找這家顧問公司，針對平價房屋不足或環境退化之類的政策問題提供社會主義解決方案。

我們必須仔細注意權力的領土結構與權力的資本主義邏輯之間的關係。資本主義權力邏輯方面，馬克思認為資本是運動中的價值（value in motion）。在這種權力邏輯中，運動至為重要，一切都取決於各種事物的運動，包括貨幣的流動、商品的運動、生產的運動，以及生產要素如勞動力和資源的運動。權力的貨幣形式不是靜止或靜態的，而是不斷運動的。國家很難做到的事情之一，就是阻止、控制或遏制這種無休止的運動。比較靜態和空間上受限制的國家權力形式一直受資本的運動挑戰。

一九八一年密特朗（François Mitterrand）成為法國總統時，決定要利用國家權力執行他的社會主義計畫。他把銀行國有化，並試圖調整經濟方向，以征服內部市場為目標。為此他必須控制資本的流動和可能發生的資本外逃。資本對密特朗計畫的反應是盡快逃離法國，因為資本不想在社會主義控制的世界裡運作。國家的反應是實施資本管制，為此必須控制和限制國民在國外使用信用卡。在一九八〇年代，信用卡沒有現在那麼流行。但在法國，「藍卡」

（Carte Bleue）非常流行，而它實際上是一款Visa信用卡。法國人度假時使用藍卡，而密特朗必須限制藍卡的使用。法國民眾對此非常憤怒。短短幾個月間，密特朗認識到，他無法控制資本外逃。他的民意支持度暴跌至接近零。他不得不改變方向。他扭轉銀行國有化政策，隨後成為一名不錯的新自由主義總統（就像海峽對岸的柴契爾夫人）。資本流動的力量約束了國家機器的能力。資本的力量當時已經成為一股至為強大的力量，調節著全球經濟中發生的事。資本顯然有能力約束整個世界的領土權力。在新自由主義時期，國家越來越被動員成為貨幣和資本主義階級權力的代理人。債權人為了自己的利益而控制國家權力。

一九九二年柯林頓當選美國總統，提供了一個很好的例證。以下所述可能是杜撰的故事。柯林頓剛當選就著手勾勒他的經濟計畫。他的的經濟顧問，尤其是來自主要投資銀行高盛的魯賓（Robert Rubin），看著他說：「你不能執行這個經濟計畫。」柯林頓答道：「為什麼不能？」魯賓說了類似這樣的話：「華爾街不會容許你這麼做。」柯林頓據稱這麼說：「你是說我的整個經濟計畫，以及我的連任希望，全都取決於一群該死的華爾街債券交易員？」魯賓顯然答道：「是的。」柯林頓上任時承諾帶給美國人全民健保和各種美好的東西，但他實際上帶給我們什麼？他帶給我們《北美自由貿易協定》。他帶給我們福利制度改革，大大提高了它的懲罰性。他帶給我們刑事司法制度改革，加快了大規模監禁。他帶給我們世界貿易組織，而在他的任期快結束時，他廢除了《葛拉斯史提格爾法》，那是約束投資銀行業的最後一道防火牆。換句話說，他執行了高盛早就想要的一整個計畫。自柯林頓以來，美國極少有財政部長不是來自高盛的日子。這是債權人決定國家權力可以做什麼的一個重要指標。

如果你在美國說這些，馬上會有人指責你散播陰謀論。沒有人會相信你。但如果你去希臘問當地人，政府或債權人是否控制了一切，你會得到截然不同的答案。如果你接著問：「二〇一一年之後，是誰強迫你們吞下這些緊縮政策？是誰真正主宰這裡的一切？」答案當然是債權人和激進左翼聯盟（Syriza）控制的社會主義政府，而這個政府在關鍵時刻向金融利益集團屈服，執行了債權人要求的措施。眼下歐洲許多地方也正經歷類似的鬥爭。義大利目前（二〇一九年）就有一場鬥爭，因為債權人表達了他們的意願（不是直接表達，而是透過歐洲機構），而義大利國家權力機關則提出了截然不同的想法。

希臘的債務原本是欠歐洲銀行業者的，尤其是約從二〇〇〇年之後無節制放款的德國和法國銀行。如果二〇一一年希臘宣布違約，法國和德國的銀行將大難臨頭。法國和德國政府將被迫拯救它們，彌補它們因為希臘違約而遭受的損失。但歐洲大國對希臘施加巨大的壓力，要求它別違約。當局一再向希臘承諾，歐盟將提供援助。但這並沒有發生。希臘欠私營銀行的債務被轉移到所謂的三頭馬車身上，也就是歐洲央行、歐盟執委會和ＩＭＦ。私營銀行因此免於破產，而接手債權的國際機構堅持要求希臘還債。三頭馬車指定了一個緊縮方案：希臘必須將國有資產私有化，出售所有公共財、資產和土地（甚至有人建議將巴特農神殿私有化！）。希臘政府必須削減養老金和所有形式的社會支出，關閉醫院、學校之類，希臘人必須學會在幾乎沒有社會援助或社會服務的情況下生活。希臘被置於這種境地。如果你問希臘人「誰主宰這裡，是你們的政府還是債權人」，你會得到一個非常明確的答案。而事實上，這正是目前世界上幾乎所有地方的情況。

眼下全球的情況是資本積累取決於領土政府回應資本積累前景的方式。那麼我們看到些什麼？美國最近有個例子涉及富士康，該公司表示，如果它能得到足夠吸引的補貼方案，它將到威斯康辛州開一家工廠。此外，亞馬遜也向紐約市說，我們正考慮在你們的城市建立重要設施，所以你們必須為我們提供所有協助和補貼。大企業一再表示，我們可以選擇投資於許多不同的地方，你們哪一個願意提供最好的投資條件？亞馬遜真的宣布它將建立一個新的營運中心，並邀請各地競標，因此引發各城市和各州之間的競爭。紐約市向亞馬遜開出很好的條件，但紐約市民強烈反對，亞馬遜因此表示會去其他地方。亞馬遜最後確實在紐約市有一些投資，但選擇了另一個街區。富士康與威斯康辛州談判，州政府決定提供四十億美元的補貼，吸引該公司前來設廠。這例子很有意思，因為富士康的大部分業務是在中國為蘋果公司製造電子產品，但富士康是一家臺灣公司。這是一家在中國有重大業務的臺灣公司，如今要在威斯康辛州設廠，條件是州政府提供足夠的補貼（主要是放棄未來的稅收）。根據估算，州政府為富士康創造的每一個職位補貼二十萬美元。達成協議之後，富士康轉過頭來說：「啊，對了，我們其實不打算在那裡生產任何東西。我們只是要設立一個研究中心。」威斯康辛州政府對此無能為力。近年來，領土政府與企業之間的權力關係趨向有利於後者。

但這並沒有使領土變得無關緊要。許多研究者在一九八〇年代得出領土已經不重要的結論，有些人甚至宣稱國家已經變得無關緊要，所有權力都在其他地方。隨著權力流向大企業和跨地域流動越來越容易，在追求利潤最大化的過程中，微小的地域差異變得比以前更重要。大企業檢視各地的差異，希望藉由選址獲得最大的好處。各地之間租稅政策上哪怕是微小的差異，也可能成為決定因素。這意味著許多地方政府或甚至整個國家特意調整稅務安排，以便為私營企業提供最大的好處（愛爾蘭在這方面表現突出）。城市之間、區域之間和國家之間旨在吸引外來投資的激烈競爭因此產生。這是國家權力目前的一個大目標。結果是國家權力成為私人資本的附庸。因此，控制一切的如果不是債權人，就是大型壟斷企業。

在一九五〇和一九六〇年代，先進資本主義國家不是這樣的，因為當時國家的社會民主程度高得多，相對於資本也強大得多。國家的部分使命是保障大眾的福祉。國家並非總是做得到，而且這也確實產生許多問題（例如家長主義）。此外，在一九六〇和一九七〇年代，資本管制相當嚴格，你無法像現在這樣輕鬆地把資金轉移到世界各地。我記得我第一次從英國前往歐洲大陸時，必須向銀行申請旅行支票。我只能申請到四十英磅的旅行支票，他們還在我的護照上蓋章註明這個金額。要到第二年，我才能再拿到四十英磅的旅行支票。這種事情況現在聽起來難以置信，但在我年輕的時候，情況就是這樣。當時英國人人都生活在資本管制下。這種管制符合一九四四年規管國際貨幣體系運作的《布雷頓森林協定》。布雷頓國際資本管制制度一九六〇年代末崩潰，一九七〇年代遭放棄。在此之後，貨幣資本在世界經濟中的流動開始變得自由得多。

由此就講到資本跨地域流動的問題。資本在其運動過程中主要有三種形式：第一種是貨幣，第二種是商品，第三種是生產活動。資本的這些形式哪一種最容易移動？事實證明是貨幣。我視貨幣為資本的蝴蝶形式。它全世界到處飛，無論何時何地，只要看到誘人的花朵，就會落在上面。停留過後，它會飛往別處。商品則是資本的毛蟲形式。它緩慢地爬行，往往笨重和難以移動（例如鋼筋）。資本的第三種形式，即生產活動，是流動性最低的。在我看來，哪一種資本形式在特定的歷史時期居主導地位是非常重要的，而答案某程度上取決於資本需要有多大的流動性。

阿銳基（Giovanni Arrighi）有個有趣的論點與此有關。他說，資本如果發展到其生產形式真的很難擴張而其商品形式又變得非常呆滯，就很可能會出現推動創造較高流動性的金融系統的力量。他記錄了歷史上不時發生的這種轉變。威尼斯和熱那亞當年都發展到除了從事商品的生產與貿易，還從事金融業務。因為成為金融城市，它們在貨幣運用上的跨地域流動能力和靈活性大大提升。這種金融化在權力和資本從義大利城邦向北轉移到荷蘭的過程中發揮了重要作用。這構成世界貿易體系中的第二個霸權。商業和金融資本集中於強盛的荷蘭，阿姆斯特丹、安特衛普以及強大的商業城市如烏特勒支和布魯日成為強大的資本積累中心。

但這個系統後來達到了它的極限，無法產生另一個階段的金融化，於是在十七世紀末和十八世紀產生了造就新霸權的另一次資本移動，資本集中流向英國。這些資本造就工業革命，在世界體系中創造出一種不同的霸權，一方面是國內工業化，另一方面是在國外建立殖民地和實行帝國占領。最後出現了從英國到美國的金融化轉移，而美國在一九四五年後成為資本主義體系中無與倫比的霸權中心。阿銳基聲稱有跡象顯示，美國在一九八〇年代開始達到其生產能力的極限。約在這時候，我們看到強大的金融化運動。而現在最大的問題是：資金究竟要流向哪裡？資金流向最歡迎外界新利用其生產能力的地方，而當然，眼下這地方剛好就是中國。這是否意味著中國勢將成為下一個全球霸主？這問題還沒有確定的答案。從義大利城邦到低地國家，再到英國，最後到美國，每一次的霸權轉移都涉及規模上的巨大變化。若要取代美國的霸權地位，必須有相應的規模轉變，而此事的涵義幾乎是無法想像的。阿銳基認為這可能涉及亞洲崛起成為一個集合式霸權地區。以人口而言，中國加印度加印尼肯定符合要求，但很難想像這三個國家可能如何合作，以及如果它們合作，對生產、消費、社會福利和環境狀況可能產生什麼影響。

現在我們正是處於這樣一種情況：金融化資本主義這隻蝴蝶要飛到哪一朵花上，哪裡具有最適合金融投資和資本主義發展的條件，是很容易改變的。而正在重劃這個時代的資本主義結構和經濟與政治權力領土版圖的，主要又是資本的貨幣形式。

在本章的第一部分，我重點討論了各種形式的資本的跨地域流動能力，以及藉由國家機器和政府組織的權力的領土邏輯如何與從事商品生產和金融操作的企業資本的分子式地域流動形成對比。現在我想換一個角度處理這整個問題，使用一個我很喜歡的理論構想，也就是我稱之為「空間修補」（spatial fix）的構想（或理論）。

資本在其發展過程中會擴張。資本地理學因此主要研究資本在空間中的無止境擴張。在特定的領土中，資本擴張的可能性最終受限於資源、人口、可用的基礎設施等因素。在這領土中，資本主義擴張到某個時候會達到極限。剩餘資本在世界某一地區堆積起來，同時出現的往往還有剩餘勞動力。這些剩餘資本需要有利可圖的出路。那麼，他們能去哪裡呢？答案之一是發展殖民地。另一個答案是輸出資本（有時還有勞動力）到資本主義制度還沒發展起來的地方。這就是我所講的「空間修補」，它是解決資本過度積累問題的方法之一，而資本過度積累是追求利潤的必然結果。

針對這種空間修補的運作方式，馬克思的描述相當有趣。擁有剩餘資本的地方借錢給世界上其他地方，後者用這些錢向前者購買商品，然後利用這些商品滿足人民的需要和需求（藉由鼓勵消費），或是建設有利於資本主義進一步發展的基礎設施和業務。

例如英國約從一八五〇年起就面臨資本嚴重過剩的問題。英國國內市場已經飽和，資本在英國境內很難找到有利可圖的出路。英國因此開始輸出資本。但輸出資本可以有多種模式。英國的一種典型做法是這樣的：它借錢給阿根廷修建鐵路，但所有的鐵路設備都由英國提供。如此一來，英國借給阿根廷的資本將幫助英國消化它在鋼鐵和鐵路設備方面的過剩產能。英國生產能力過剩的問題因此得以解決，而與此同時，阿根廷修建了穿越彭巴草原的鐵路，盡可能降低了運送小麥到港口的成本。然後便宜的小麥被賣給英國。在英國，廉價小麥降低了麵包的成本，而這意味著企業家可以削減工資、提高利潤，因為勞動力的再生產成本降低了。藉由這種方式，某個地方的剩餘資本被用來擴大其他地方的資本主義體系，同時藉由降低基本消費品的成本提高資本輸出國的企業利潤。

在十九世紀，剩餘資本中心非常少，而且相距甚遠。它們主要分布在英國和西歐部分地區。大量的剩餘資本流向美國。這些剩餘資本可能經歷的情況有兩種。它們可能受國家權力控制，也可能在市場體系中自由地流動。在這方面，十九世紀英國與世界其他地區的關係很有啟發意義。當時英國有必要擴大其市場。藉由將印度納入大英帝國，英國人摧毀了印度的鄉村紡織業，以英國紡織工廠出口的產品取代印度原本的紡織業產出。印度被組織成為英國工業的一個專屬市場（captive market）。但印度必須以某種方式為進口的紡織品埋單。它要怎麼做呢？為了能夠付錢購買英國的紡織品，印度必須出口一些東西。當時印度確實有出口一些商品，例如茶葉和黃麻之類。但只靠這些東西還不夠。英國人因此「說服」印度生產鴉片，賣去中國。軍事行動（所謂的「鴉片戰爭」）迫使中國對外開放鴉片市場。中國必須用白銀買鴉片，而這些白銀先流向印度，然後因為印度要付錢購買英國紡織品，白銀再從印度流向英國。羅莎・盧森堡（Rosa Luxemburg）在她關於英帝國主義的著作《資本積累論》（*The Accumulation of Capital*）中概述了這個過程。在這個例子中，解決英國紡織業產能過剩問題的空間修補方案有賴摧毀印度的紡織業，將印度改造成英國工業的一個專屬出口市場，然後創造其他形式的生產和商品交易，例如鴉片貿易，使印度有足夠的白銀為英國紡織品埋單。

但這種空間修補還需要其他東西，而這個「其他東西」涉及創造足夠的實體基礎設施。在這方面，馬克思對印度同樣有一些非常有趣的說法。統一印度市場並使它更容易被外國支配的方法之一，是投資在印度的交通和通訊上。英國在印度修建了鐵路。如果你現在去印度，你會在孟買市中心看到一個精緻的維多利亞風格火車站，它是英國這種殖民活動的一個標誌。同樣地，輸出過剩產能到世界上其他地方建設基礎設施，需要當地有辦法支付相關費用。外國資本可以借錢給這些地方建設基礎設施，而這些設施投入使用可以帶給外國資本一定的報酬。如果這些基礎設施提高了印度的生產力，或提高了印度在市場體系中生產和銷售商品的能力，則所有人都將得益。在此我們又看到一種空間修補發揮作用。利用印度作為原物料的來源，作為榨取貨幣財富的源頭，作為一個市場，對英國處理它傾向產生剩餘資本的問題至為重要。

但以輸出資本為手段的空間修補還有另一種形式，它最清楚呈現在美國的例子上。英國的剩餘資本流到美國，因為這裡的土著遭種族滅絕之後，有一大塊領土可供自由開發。但在美國，這些資本並非只是被用來創造市場。除了創造市場，資本也被美國企業家用來創造另一個資本積累中心。資本被投資在生產活動上，而非只是組織起來滿足消費主義。英國資本發揮了非常重要的作用，不但支持創造另一個市場，還支持在美國創造一個全新的資本積累中心。隨著美國的這種發展起飛，美國、英國和歐洲對機器和其他生產資料的需求都大有增加。這帶給全球市場大量需求，其中一部分將由英國為美國市場擴大生產來滿足。但這個過程也為英國在資本主義商品生產領域創造出一個地域競爭對手。美國在某個時候發展出自己的資本積累形式，而它必將與英國和歐洲的生產活動產生競爭。美國與英國競爭，最終擊敗英國，取得全球資本主義的霸權地位。因此，在某種意義上，英國可說是在資助對手崛起埋葬自身霸業方面發揮了關鍵作用。而這也是一種空間修補。

但是，空間修補與危機形成有非常重要的關係，因為它還涉及長期的時間和空間位移（temporal and spatial displacements）。以美國的鐵路投資為例：這種形式的投資是長期的，你無法在六個月內就得到一定水準的報酬，而是必須等很長一段時間，而這也是因為在這很長的一段時間裡，美國經濟的生產力將上升。但這將是十年、十五年、二十年的事。這是一種非常長期的投資，而長期投資意味著必須利用某種信貸系統，以便在一段很長的時間裡調動貨幣力量。這涉及利用馬克思所講的「虛擬資本」（fictitious capital）來最終建立新的基礎設施（所謂虛擬資本，是對眼下尚不存在的某種東西索取金錢的權利，是可以轉讓和買賣的）。然後這些基礎設施就成為另一種積累形式和資本流通中另一種動態的基礎。這種系統的歷史相當有趣。自一九四五年以來，尤其是約從一九七〇年以來，這種空間修補在全球經濟中以越來越快的速度進行。來自美國和世界其他地區的剩餘資本被用來在其他開放空間創建其他生產系統，而這些生產系統主要不是為了創造新的市場。

我有個富爭議的看法：就十九世紀的英國而言，印度事業對英國工業不如美國事業那麼有利可圖，因為印度的殖民政權選擇壓制資本主義的固有活力（企業家的「動物本能」），以便建立一個被動的消費市場。當年英國人致力防止印度發展可與英國競爭的資本主義生產體系。他們想把印度當作一個市場留在他們的口袋裡。但這抑制了資本的活力，最終限制了市場的成長和持續擴張。因此，長期而言，印度方案可為英國企業貢獻的利潤越來越少。而在美國，英國並未控制一切，它無法抑制資本的活力，而這種活力一方面藉由美國市場的發展不斷擴大可利用的空間修補，同時使美國得以在爭奪霸權的地緣政治鬥爭中最終壓倒英國。

一九四五年之後，全球經濟面臨一個真實的問題。當時人們擔心經濟將回到一九三〇年代的蕭條狀況，但這一次有所不同的是，戰爭經濟導致生產能力大增，而且有大量軍人回國。當時的美國政策制定者知道一件重要的事：美國將從去殖民化中得益。殖民地應該脫離英國、法國或荷蘭的控制，不應該被帝國主義勢力當成專屬市場掌控。美國沒有那麼多專屬市場，因此為了自身利益，它要求並命令開放所有這些市場。美國認為它可以像英國和法國那樣輕鬆占領這些市場，但它將透過全球自由貿易體系做這件事。

去殖民化和世界向其他發展結構開放，將有助於吸收美國的剩餘資本。這是馬歇爾計畫天才之處。但馬歇爾計畫並非只是試圖利用歐洲作為美國剩餘商品的方便出路，它還涉及在世界各地重建資本和資本積累場所，以便戲劇性地擴大世界市場。剩餘資本流向日本和歐洲，促成了日本和歐洲的經濟復興。一九四五至一九七〇年左右是全球經濟驚人成長的時期，而這很大程度上有賴日本和西歐建立起這些替代性資本成長和積累中心。到了一九八〇年代，這些其他積累地區開始在世界舞臺上超越美國。美國因此突然發現，它幫忙創造出自己的對手。如果我是在一九八〇年代講這問題，我會談到日本和西德是全球資本主義的霸主，因它們是當時真正領先的國家。而美國之前鼓勵這種發展，因為這對美國有利，尤其是因為美國正與蘇聯冷戰，而中國可能出現共產主義替代模式。但美國隨後就面臨如何應對西德和日本爆炸性成長的問題。美國的答案是建立一種基於規則的世界秩序，以便所有人在這種秩序下競爭，並從彼此之間的開放貿易中得益。美國視全球化和開放市場中的自由貿易為解決方案。美國人相信，他們可以在這種基於規則的體系中勝出（部分原因在於該體系的設計有利於美國資本）。

這就是新自由主義秩序：它追求自由貿易，追求有系統地減少關稅壁壘，建立一個全球金融體系，促進資本和商品在世界各地之間的自由流動。運輸和通訊等領域的技術創新產生了很大的作用。許多東西投入其中。但後果之一是世界發展出多個替代性資本積累中心。例如日本在一九六〇年代發展非常強勁，而到了一九七〇年代末，它就發現自己坐擁巨量剩餘資本。日本要用這些資本做什麼呢？日本人藉由輸出資本探索空間修補方案。他們也開始「殖民」美國消費市場。隨後就出現日本對美國經濟的「入侵」。日本人買下洛克菲勒中心。他們進入好萊塢，收購了哥倫比亞影業公司。剩餘資本從日本回流到美國。但它也在世界各地擴張，甚至在許多新興市場（例如拉丁美洲）擺出小型帝國主義姿態。不久之後，我們看到亞洲其他地區經歷類似的過程。韓國的發展最初不是自由市場經濟的發展，而是在軍事獨裁下發生。但美國鼓勵韓國發展，而這是出於非常簡單的地緣政治原因：美國希望圍堵共產主義。蘇聯和中國構成一種威脅。為了遏制共產主義擴張，美國需要一個繁榮的資本主義或親資本主義的韓國。美國支持韓國發展經濟，促進技術移轉，並提供進入美國市場的有利條件。但到了一九七〇年代末，韓國就已經利用它驚人的生產能力產生剩餘資本。那麼它怎麼做呢？它尋求空間修補方案。韓國在美國建立汽車生產設施，接管了一些美國電子公司，同時殖民美國市場，並在其他新興市場組織生產。一九七〇年代末左右，剩餘資本從韓國湧出。中美洲和非洲突然出現韓國人經營的分包公司，而韓國人對待勞工和人權的方式相當粗暴。

另一方面，臺灣也很快經歷了這種過程。美國支持臺灣，因為它希望臺灣經濟蓬勃發展，以確保臺灣留在美國的勢力範圍內，而不是被共產中國吞併。臺灣工業因此開始變得非常重要。約在一九八二年，臺灣出現資本過剩問題，突然開始連續輸出資本。它們去了哪裡？臺灣資本流向世界各地，但很大一部分去了當時剛對資本主義發展開放的中國。富士康正是在這時候開始進入中國，而該公司現在是世界上最大的企業集團之一。韓國廠商也進入中國，日本也是，但臺灣廠商是大規模這麼做。因此他們全都開始將生產活動遷往中國。所以在一九七八年之後，中國的發展很大程度上仰賴臺灣、日本、韓國，當然還有香港的資本。香港是個非常有趣的案例。在中國開放之前，香港的紡織和成衣業已經在競爭中壓倒英國紡織業，後者已經開始去工業化。曼徹斯特的紡織和成衣廠無法與香港同業競爭。香港資本希望擴張，但在香港境內面臨勞動力和資源不足，以及市場不夠大的問題。然後中國突然對外開放，深圳開放了。香港資本蜂擁流入中國，以利用中國大量的廉價勞動力。一九七〇和一九八〇年代的中國工業化，是中國輸入香港、臺灣、韓國和日本資本的結果。

這種發展的結果是在中國創造出令人難以置信的生產經濟。而這個經濟做了什麼？它開始擊敗競爭對手。日本發生了什麼事？約從一九九〇年以來，日本經濟一直低迷。臺灣經濟狀況也艱難，即使臺灣企業富士康在中國僱用了一百五十萬人。但現在富士康在拉丁美洲和非洲也有生產設施。它甚至要去威斯康辛州。這就是運作中的空間修補。資本不斷地從一個地方轉移到另一個地方。

現在輪到中國面對如何處理資本過剩的問題。或許是巧合，或許不是，但在二〇〇八年，中國的一切似乎都改變了方向。在這一年，全球資本主義爆發巨大危機。中國非常仰賴的美國消費市場崩潰，中國對美出口暴跌。但在二〇〇八年，中國對外輸出的資本首度超過中國吸收的外商直接投資。中國的資本輸出隨後激增，遠遠超過它吸收的外來資本。中國成為非常積極的資本淨輸出國。中國輸出的資本多數是以商業信貸的形式提供，而不是直接投資在生產上。中國目前正在向東非提供商業信貸，以助吸收中國的過剩產出（例如鋼軌）。在二〇〇〇年，中國的資本輸出地圖基本上是空白的。但到了二〇一五年，中國的剩餘資本已經遍布世界各地。整個世界都捲入了中國為其剩餘資本尋求空間修補出路的運作。中國人開始圍繞著所謂的「一帶一路倡議」協調這種運作。在一帶一路這個地緣政治擴張計畫中，中國的剩餘資本被用來重建歐亞大陸的交通和通訊設施，此外還有一些項目延伸至非洲和拉丁美洲。這種地緣政治策略由來已久。

麥金德（Halford Mackinder）是牛津大學的地理學教授，我在該校任教七年（一九八七至一九九三年），頭銜就是地理學麥金德講座教授。麥金德是反動的右翼帝國主義者，其著作發表於二十世紀上半葉。他也是一名地緣政治思想家，提出了以下見解：誰控制了中歐心臟地帶，誰就控制了歐亞世界島；誰控制了世界島，誰就控制了世界。中國人已經思考他們的地緣政治地位和權力至少十個世紀之久，他們讀過麥金德的著作。美國也有它獨特的地緣政治理論和歷史。但美國在這方面的思想家是馬漢（Alfred Thayer Mahan），他在一八九〇年代撰寫著作闡述歷史上海權的作用。麥金德強調陸權，馬漢則強調海權。麥金德在一九二〇年代達到其影響力的巔峰，但繼續著述到第二次世界大戰。在一九二〇和一九三〇年代，德國出現一整個地緣政治思想學派，德國人稱之為地緣政治學（*geopolitik*）。這個學派認為，國家有點像生物體，因此必須自由地獲取足夠的資源（例如石油），並確定自己的生存空間。與德國地緣政治學家豪斯霍弗（Karl Haushofer）有關的生存空間理論，對納粹有關走向統治世界之路的意識形態絕對是至關重要。納粹在一九三〇年代擴張至東歐（以及羅馬尼亞的油田），就是以德國必須取得生存空間和控制世界島為理由。爭奪世界統治權的鬥爭結果如何，取決於誰能控制中歐心臟地帶，一如麥金德所講。控制中歐心臟地帶是通往統治世界的道路。德國正是為此入侵捷克斯洛伐克，然後入侵波蘭。

我們現在從中國的一帶一路計畫看到的，是中國在中亞的地緣政治影響力擴大。解決中國資本過剩問題的空間修補方案正被轉化為一個地緣政治計畫，而在該計畫下，中國正利用基礎建設投資將中亞納入其勢力範圍。有趣的是，美國利用海權組織它的大部分全球力量，而中國與美國在南海出現了嚴重衝突，但中國也重視它在中亞的陸權，而美國在中亞難以發揮它的地緣政治影響力。中國正開始近乎完全控制中亞局勢，而美國無法挑戰中國在當地的影響力。但中國的一帶一路計畫遠非僅此而已。該計畫如今在非洲發揮非常大的作用：自二〇〇八年以來的短短幾年間，非洲因為修建基礎設施（例如貫穿東非的鐵路）向中國貸款而債臺高築。資本主義在非洲的擴張正變得明顯（例如在衣索比亞和蘇丹）。中國在非洲（和拉丁美洲）的投資多數採用提供商業貸款的形式，而不是直接投資於非洲（雖然中國也有直接投資於非洲的礦產資源，例如尚比亞的銅礦）。中國人正採用一種典型的策略，借錢給其他國家購買中國的過剩產出（例如鋼鐵、運輸設備和水泥），就像英國在十九世紀為了自身利益維持阿根廷的發展那樣。

但在此之外還有地緣政治的角度。我不認為麥金德是對的，但中國人可能認為他說的有一定道理，而控制中亞本身具有非常重要的地緣政治意義。這可以解釋他們為何殘暴對待中國西部的維吾爾穆斯林。如果他們這麼想，他們將利用他們過剩的水泥和鋼鐵產出，修建貫穿中亞、通往歐洲的鐵路。連接中國與倫敦的鐵路如今已經通車，全程需要二至三個星期的時間，比海運所需要的六個星期快得多。中國人認為，藉由修建貫穿中亞的快速鐵路網，他們將能大大縮短中國到歐洲的運輸時間。這就是他們正在建設的東西。西方財經評論者常說這是浪費經濟資源的投資，不可能有利可圖。這種投資短期內確實很可能無利可圖，但長遠而言，它真的將在地緣政治上重設整個世界的組織方式。中國這個計畫的首要目的，幾乎肯定是地緣政治而非經濟上的。因此，中國人多年來不曾在任何地方與美國對抗競爭，如今卻在南海這麼做，而這絕非偶然。但在中亞這個地區，中國目前沒有與任何人對抗競爭。俄羅斯並不反對中國的計畫。事實上，俄中聯盟似乎越來越鞏固。美國沒有能力在中亞做什麼。這很有趣。我在中國的時候，有人多次勸我不要針對俄羅斯發表任何負面言論，因為俄國與中國在中亞和其他地區顯然有利益聯盟。美國一再試圖藉由直接政變、制裁或煽動內亂來推翻委內瑞拉馬杜洛政府，但俄中兩國都支持這個政權。你開始看到世界各地出現模糊的地緣政治分歧，而它可能很快變成一場積極的競賽。但請注意，這個一帶一路計畫也與尋找解決資本和產能過剩問題的空間修補方案有關。

資本注定永遠追求百分之三的複合成長率，這意味著資本和資本積累的全球地理將一直經歷某程度的重組。我們開始看到，這些滾動的空間修補，從美國到日本，從日本到中國，從中國到中亞和非洲，是資本複合成長邏輯在地緣政治上的表現。在地理上，我們必須非常小心。正是這種因素在上個世紀導致兩次世界大戰，兩次都涉及地緣政治競爭。我並不是說一定會發生世界大戰或類似的事。我只是想說，我們必須非常仔細地分析地緣政治競爭和相關理論。考慮到當前的種種壓力，尤其是中東的緊張情況，忽視問題是愚蠢的。為過度積累的資本尋找空間修補解決方案的努力一旦與地緣政治競爭混合，一如一九三〇年代的情況，我們就應該退後一步，小心翼翼地避免一頭栽進全球戰爭的漩渦。空間修補的地緣政治問題必須成為認真研究的一個重點。

第九章　成長症候群

我第一次教馬克思的《資本論》是在一九七〇年。隨後很多很多年，我每年都教這門課。在停了一段長時間之後，今年（二〇一九年）我直播講授《資本論》第一卷。回到馬克思的文本總是很有趣。一九七〇年的情況與二〇一九年非常不同。且以我怎麼看關於機器和現代工業那很長的一章為例。馬克思認為，資本多年來努力發展適合其自身性質的技術。這種技術——工廠制（factory system）——與基於勞動技能和原始組織形式的封建技術大有不同，後者盛行於一六五〇年至十八世紀末工業革命發生前的「製作時期」（manufacturing period）。

我在一九七〇年講授這些內容時，關於製作時期的那一章彷彿只是具有歷史意義，真正重要的是關於工廠制的下一章。馬克思提供了非常精采的論述（雖然也相當冗長！），告訴我們工廠制是如何建立、如何普及，以及產生了什麼社會後果。工廠制並非只是一臺機器；它是關於機器的一個系統，機器在這當中生產機器，而它對勞動力在生產中如何被使用、定位和濫用有巨大的影響。蒸汽機之類的通用技術形式可以應用於各種不同的領域。馬克思從工廠視察員報告中摘取的材料，生動地說明工業勞動形式的革命性質和過渡過程涉及的痛苦經歷。

但這一次，我突然想到：現在美國很多年輕人很可能對工廠不甚了了。他們在現實中很可能完全沒接觸過工廠工人，遑論加入工會的工廠工人。在一九七〇年代，多數美國家庭都與工廠勞動的世界有一定的接觸和了解。

在美國，工廠制基本上已經消失。但它被什麼取代了？這一次真正使我覺得有趣的是，《資本論》關於製作時期的那一章真的呼應當代現實。例如勞動的不穩定狀態，持續改變的勞動規模和分工方式，以及掌握技能的人試圖壟斷這些技能，為自己在勞動力中爭取特權地位。資本對這種可壟斷的技能發起鬥爭，不斷試圖將勞動過程和勞動者重新無產階級化，藉此消滅壟斷技能造就的特權。在十八世紀，造就特權的是特殊工具，但在我們這個時代，造就特權的是電腦演算法和資訊科技方面的其他技能。

我認為這很奇怪，因為馬克思有時會陷入關於人類演化的目的論思維，暗示有一種前進的進步運動正不可阻擋地邁向某種業已確定的共產主義未來。他似乎暗示，工廠勞動最終將取代所有其他勞動形式，至少在資本體制中是這樣，甚至在更廣的範圍內可能也是這樣。

當事物看似正在倒退，感覺相當奇怪。我一直對馬克思的目的論看法有保留。我覺得他並未深信目的論，雖然他常提起它。即使在馬克思的時代，顯然也有許多非工廠式勞動過程，而且它們甚至存在於工廠勞動形式最成熟的時期和地方。工廠勞動注定將取代所有其他勞動形式，這個論點似乎永遠是不完整的。以一九八〇年代的日本汽車工業為例，一方面是規模非常大的公司利用工廠勞動組裝汽車，但另一方面，汽車業的零組件供應仰賴僱用技術勞工的許多小工場，在多個方面類似製作時期的勞動狀況。

我一直認為，或許馬克思暗示工廠制將取代所有其他勞動形式是不對的。我曾研究第二帝國時期巴黎的勞動過程，其演變支持我的看法。大型工廠並未接管所有生產活動（當然，大型工廠確實接管了某些生產活動），許多行業按工匠類型組織的具體和專門分工則大增。例如一八五〇年左右，巴黎的人造花產業規模頗大，而到了一八五五年左右，該產業已經開始專門化。在一八五〇年，某個工場會製造人造玫瑰，另一個工場則製造人造雛菊，諸如此類。到了一八六〇年代，情況已經變成有些工場專門生產花瓣，有些生產花莖，有些生產葉子，然後還有工場將它們組裝成完整的人造花。在第二帝國時期的巴黎，你看到的不是工廠勞動逐漸取代所有其他勞動形式，而是專業分工的情況在大量的小型工匠企業中日益普遍；它們的運作變得更加分散，而不是像在工廠制中那樣變得更加集中。

我的結論是工業形式一直在轉變，資本一直可以在不同類型的勞動過程和不同的組織形式之中做出選擇。資本根據它正採取的特定剝削方式，選擇最適合它的勞動過程和組織形式。新自由主義時期勞動過程分散的原因之一，是工廠工人發展出很有力的組織和工會。資本避免這種情況的一個方法，是採用一種分散的勞動過程，阻礙勞動者組織起來。

我講授關於製作時期和工廠制的那兩章時，這些事情在我腦海中浮現。我想到資本如何從一種剝削結構轉移到另一種剝削結構，而如果勞動者像在十八世紀那樣因為壟斷某些技能而掌握非常大的權力，資本就會試圖破壞這種權力。工廠制貶低了勞動力，並且將勞動者去技能化，但到了一九七〇年，恰恰相反的問題出現了。大型工廠僱用的勞工發展出很好的組織，面對資本可以行使相當大的權力，此時資本最好的應對方式是轉用一種分散的勞動形式，使勞工無法以同樣方式挑戰資本。因為這個原因和其他因素，我們看到工業活動變得相當分散，而且水平和網絡化的組織形式興起，有別於以前盛行的階層式組織形式。我發現非常有趣的是，這是資本的主要舉措，但原來這也是左派組織出現的主要轉變。左派組織變得比較分散和水平化了。一如資本，它也變得反等級制度，反對因應福特主義勞動過程和工廠制而產生的政治形式。

這一切都指向一件非常有趣的事：如果你批判性地閱讀《資本論》（你應該這麼做），你會注意到自己周遭正發生的事，以及為什麼此時此地發生這些事。問題被提出來，而現在提出這些問題至為重要，儘管答案可能不同。以下我從馬克思文本中找一個看似微小的例子來說明這一點。

經濟學家、政策制定者、從政者和財經媒體經常以成長率作為衡量經濟健康和福祉的關鍵標準。刺激經濟、提高成長率常被列為一個關鍵政策目標。但成長還有另一個重要的方面，其重要性很大程度上被忽略了。那就是成長的量。絕對的成長有多少？我們要如何處理因此產生的東西？

有一天，我在看我最喜歡的財經報紙《金融時報》，注意到它概述了英國央行一份關於量化寬鬆是否加劇不平等的報告。該報告顯示，在二〇〇六、二〇〇八至二〇一二、二〇一四年期間，英國底層百分之十人口的所得因為量化寬鬆而平均增加約三千英鎊，而非常富有的人，也就是頂層百分之十人口的所得則平均增加三十二萬五千英鎊。你可能會立即推論，量化寬鬆帶給有錢人的好處多過它帶給窮人的。這是一種普遍的說法，甚至當時的英國首相梅伊（Theresa May）也贊同此一說法，但英國央行的報告否認這一點。該報告指出，底層百分之十因為那三千英鎊而獲得的所得成長比例，高於頂層百分之十因為三十二萬五千英鎊而獲得的所得成長比例。以所得成長比例衡量，量化寬鬆政策帶給窮人的好處多過它帶給有錢人的好處。該報告的作者總結道，問題在於人們不知道如何正確理解經濟資訊。人們應該集中注意變化率而非絕對數字。

我想說的是，對英國這些最窮的人來說，六年間收入增加三千英鎊，相當於平均每週增加不到十英鎊。這無法顯著提高任何人的經濟和政治力量。這個金額可說是微不足道，對他們的生活基本上是沒有意義的。另一方面，對最富有的百分之十來說，三十二萬五千英鎊是有重要意義的，雖然他們因為已經非常有錢，可能也會認為這筆錢微不足道。但是，這還是可以顯著增加他們控制的財富量，顯著增加他們可以用在政治、經濟和其他方面以維持自身權力的財富量。對頂層的百分之十來說，雖然變化率可能比較低，但絕對作用大得多。

一筆鉅款產生的報酬率即使相當低，產生的報酬仍非常多。這樣說吧：一百美元產生百分之十的報酬率，或一千萬美元產生百分之五的報酬率，你會想要哪一樣？後者的報酬率雖然只有百分之五，但產生的報酬金額顯然大得多，而這可能導致不平等大幅加劇。拜量化寬鬆政策所賜，英國底層百分之十人口六年間每週可以多喝三杯咖啡，而頂層百分之十人口增加的收入則足夠在曼哈頓買一個單房公寓。英國央行報告的作者說我們必須正確理解數據，這是對的，但我們必須批判性地做這件事。報告的建議提出以變化率而非變化的量作為衡量標準，使政策影響變得看似可以接受，掩飾了政策嚴重加劇不平等這個不可接受的後果。

這個問題在某些情況下變得至關重要。且以全球暖化問題為例。雖然我們干預碳排放的增加速度顯然很重要（這本身涉及重要的政治問題），但大氣中業已存在的溫室氣體（二氧化碳、甲烷之類）的規模涉及另一組政治問題。在我看來，這才是我們應該關注的急切、嚴重的問題。專注於溫室氣體的增加速度無助於解決這個問題。在某些情況下，既有的溫室氣體量變得重要得多。

事實上，公共媒體很少討論既有的量及其後果，而這是個嚴重的問題。有趣的是，馬克思主義經濟學家也迷戀變化率，同時忽視既有規模的意義。馬克思在《資本論》第三卷中關於利潤率下降的著名討論觸及這問題。利潤率下降的理論塑造了馬克思主義關於危機形成的許多想法。資本主義動態據說內含利潤率下降的趨勢。這源自資本體制下個別企業競逐馬克思所講的相對剩餘價值，為此在勞動過程中應用節省勞力的創新。技術出眾的公司能以社會平均價格出售產品，同時以低於社會平均水準的成本生產。超額利潤由此產生，而競逐這種超額利潤則促進技術創新。一旦我掌握出眾的技術，我就可以獲得超額利潤，而競爭對手的回應是致力創新，希望開發出比我更好的技術。資本的活力某程度上源自企業競逐這種技術優勢。但是，對技術優勢的競逐不斷節省勞力和提高勞動生產力，而提高勞動生產力當然會減少生產出來的價值。競逐相對剩餘價值產生了一個階級後果，那就是可以分配的價值和剩餘價值減少了。結果是利潤率傾向下降。

此一論點出現於《資本論》第三卷，而我們多數人使用的文本是恩格斯編輯的。雖然我們必須承認恩格斯在這方面大有貢獻，但他的編輯方式必然有可能違背馬克思的意圖。馬克思在很長的一章裡以連續論證的方式闡述利潤率下降問題。他首先提出利潤率下降的論點，似乎對此非常滿意，因為他解決了一個困擾古典政治經濟學家的問題。但隨後他似乎說，「嗯，這是個起點，使我們能夠研究一些比較普遍的問題。」恩格斯把馬克思的這一章分成三章，第一章是「利潤率下降」，第二章是「起反作用的各種原因」，第三章是「利潤率下降規律的矛盾」。恩格斯使馬克思的論述變得像是利潤率下降規律乃核心，其他的一切是該規律在實踐中的修正。你看完會認為利潤率下降規律是根基，而其他的全都是次要的。

但是你細閱之下會發現，馬克思似乎是在說別的東西，而這個「別的東西」原來相當迷人。越來越多的利潤量遠非一種反作用力，而是被視為一種聯合產品（joint product）。馬克思這麼說：

儘管總利潤率大幅下降，資本所使用的工人人數，即它所推動的勞動的絕對量，從而它所吸收的剩餘勞動的絕對量，從而它所生產的剩餘價值量，從而它所產生的利潤的絕對量，仍然能夠增加，並且不斷增加，儘管利潤率不斷下降。事情還不只是能夠如此，而是在資本主義生產的基礎上，事情必然如此。

這遠不是一種反作用力。馬克思說：「同樣一些規律，會使社會資本的絕對利潤量日益增加，並使它的利潤率日益下降。」

馬克思因此提出這個問題：「那麼我們應該如何表達這個二重性的規律？」我們面對這樣一個「二重性的規律」：利潤率下降的同時，同一過程產生的絕對利潤量增加。馬克思說：「使一定資本產生的剩餘價值（從而利潤）絕對減少，因而使按百分比計算的利潤率絕對下降的同樣一些原因，又會引起社會資本所占有的剩餘價值（從而利潤）的絕對量增加。」他接著提出這些重要問題：「這可以如何解釋？它仰賴什麼？又或者說，這個明顯的矛盾涉及哪些條件？」

在此有個重要矛盾：利潤率下降之際，利潤總量可能正在增加。這告訴我們一些關於資本主義生產方式本質的非常關鍵的東西。其涵義相當重要。《金融時報》最近一篇文章評論二〇一八年最後六個月中國經濟成長率下降的意義。因為預期這將引起嚴重的全球問題，金融市場對此相當緊張。中國經濟衰退可能導致全球經濟衰退，甚至可能導致經濟蕭條。但是，中國人似乎不擔心。為什麼呢？原來中國人關注的主要是吸收勞動力。他們每年必須創造一千萬個城市就業機會，相對於美國的三百萬個似乎非常多。但在二〇一八年，即使中國經濟成長率已經大幅降低，中國也可以輕鬆創造一千萬個職位。相對之下，中國在一九九〇年代的經濟成長率高達百分之十二或以上，當時一年要創造一千萬個職位即使不是不可能，也是很難的。但到了二〇一八年，百分之六的成長率就足以輕鬆創造一千萬個職位，因為中國的經濟基礎已經夠大，較低的成長率也可以創造出中國人需要的就業機會。所以他們根本不擔心成長率降低。他們不需要藉由刺激經濟成長來達成一年創造一千萬個新職位的政策目標。

經濟規模越大，創造新職位或新需求所需要的成長率越低。但政策制定者不是這麼想或這麼說的。「我們必須有百分之四的經濟成長，」川普上臺時說，他並吹噓「我們很快就會有百分之四的經濟成長」。但這並沒有發生。在他擔任總統期間，美國經濟成長率相當低，但問題在於這是否真的重要。我們只需要非常溫和的成長率，就可以提供社會需要的許多東西，而高成長率會造成另一種問題。例如倘若因為汽車工業的生產力增加一倍，汽車產量增加一倍，那麼街上的汽車數量將增加一倍，消耗的汽油將增加一倍，交通堵塞的可能性也將增加一倍。如果這種情況在全球各地發生，對全球暖化和其他事情將造成什麼影響？換句話說，我們必須非常認真地對待既有規模的問題。我們可以積極地看這問題，例如中國因為經濟規模巨大，可以輕鬆地吸收剩餘勞動力；我們也可以消極地看這問題，例如汽車存量大增將使全球暖化加劇。如果汽車工業規模巨大，則哪怕是很低的成長率也將導致路上新車大增，屆時碳排放量也將大增，而這將導致溫室氣體既有排放量的問題不斷惡化。

我的結論是：變化率與既有規模的關係必須認真看待。它在文獻中往往遭忽視。即使有人提到它，也往往貶低其重要性，例如會說變化率很重要，變化的量只是附帶結果。以英國央行的報告為例，我們發現強調變化率而非變化的量，結果是為上層階級開脫。我們必須注意經濟學家和媒體講述世事的方式可能含有的階級偏見！英國央行的報告就認為，底層百分之十的人應該為他們六年總共多拿到三千英鎊、每週可以多喝三杯咖啡歡呼慶祝，同時要體會到，這比頂層百分之十的人多拿到三十二萬五千英鎊（足以在曼哈頓買一間小套房）好得多。

第十章　消費選擇受損

與馬克思有關的一件令人愉快的事，是將他有時以古雅方式表達的維多利亞時代觀點與當代情況聯繫起來，並將他的理論與我們此時此刻周遭發生的事聯繫起來。《資本論》第一卷關於機器的那一章出現了一個非常強烈的主題，那就是工人的自主權被工廠制剝奪了。資本主義盛行之前，掌握技能的工匠掌控他們的工具。他們有一定的權力，因為他們對生產的貢獻在於他們使用自身工具的技能。這是勞動者送給資本的「免費饋贈」。但對資本來說，這也是一種金杯毒酒（看似有益實則有害的東西）。資本被迫接受勞動者是自主的，因為擁有技能的是勞動者。如果勞動者「放下工具」，資本家就慘了，而如果勞動者不想以某種方式工作，他們就不會那麼做。

但是，機器帶來的改變是機器內含技能。勞動者因此無法再自主決定勞動過程的速度。我們得到查理・卓別林電影《摩登時代》（*Modern Times*）中那種自動機械裝置，而如馬克思所言，勞動者變成了機器的附屬物。勞動者必須按照外部力量設定的速度做機器要求勞動者做的事。

這種勞工自主權受損的論點在資本史上有充分的記錄。這使我想到消費者自主權的變化。我們在消費選擇方面享有多大的自主權？我們在多大程度上實際上已經淪為資本主義消費生產機器的附屬物？你其實可以改寫馬克思關於機器的那一章來討論當代消費主義。有天我第一次在紐約市一個叫做哈德遜廣場（Hudson Yards）的新街區走動時，強烈感受到這一點。哈德遜廣場被吹噓為美國或甚至全球最大的房地產開發計畫，但老實說，我認為它的規模遠遠比不上中國的大型房地產開發計畫。哈德遜廣場令人難以置信的一點，是你一走進去就是一個購物中心。我當時的反應是：「為什麼紐約需要又一個購物中心？」這個購物中心採用漂亮的材料建造，空間寬敞，你可以漫步其中，但除非你走進某間咖啡店或餐廳之類的地方，根本沒有地方可以讓你坐下來。這是一種非常荒蕪的環境。它有它獨特的美，有些人可能會說是建築上的美。但與此同時，它看來很空洞；未必是沒有人氣，而是沒有任何實質意義。這使我不禁要問：「哈德遜廣場這個怪物是怎麼建出來的？」

有趣的是，哈德遜廣場自從上個月實質完工以來，得到的評論一點也不好。主流的藝評者和建築師之類的人，一直對這項建設非常不滿。它動用大量的金錢和資源，包括玻璃、大理石和其他材料，創造出一個坦白說不是很吸引人的空間。我估計多數人都有這種感覺。因此，現在出現了這種說法：「我們必須加強綠化。我們必須做更多園藝。我們必須使它更照顧使用者的需求。」他們剛啟用一個名為 The Shed 的公共空間，應該是個提供奇觀的空間。但同樣顯而易見的是，The Shed 的作用是創造盡可能多的奇觀，吸引人們前來這裡，看完之後到購物中心裡面逛逛，然後或許吃點什麼或買點什麼。一切都是為了操縱人們的需求和欲望。一切都是為了以資本的形象建造東西。

馬克思正是這麼評論工廠制的。他說，建立工廠制並不是為了減輕勞工的負擔。事實上，他在關於機器的那一章一開始就評論了彌爾（John Stuart Mill）的困惑；彌爾當年不明白為什麼機器理應減輕勞動負擔，實際上最終卻使勞動過程變得越來越壓迫。嗯，我們可以針對哈德遜廣場說同樣的話。在這個例子中，資本在建造一些東西，而在不經意的觀察者看來，這應該是為了改善人們的生活品質，但它實際上不過是象徵性地展示了當代資本的本質。這是象徵性的介入，不是真正的介入。有一些人將會住在哈德遜廣場，但你了解房價之後就知道，這裡的房子與可負擔的住宅完全無關。這裡提供的多數是非常優質的房子，是為頂層百分之十當中最富有的百分之一人建造的。然後你對自己說：「如果建造這個地方動用的所有資源都真的用來建造紐約市迫切需要的可負擔住宅，那將會如何？我們將生活在什麼樣的城市？」此外，如果如此巨大的努力改為用來為消費者創造更多選擇，例如生活方式、存在方式上的選擇，那將會如何？

有趣的是，我們可以觀察哈德遜廣場日後是否將「文明化」；所謂文明化，是指有各種人前來這裡，使它變得充滿活力，例如變得像華盛頓廣場那樣的公共空間，太陽出來時就有樂師出現，然後還有各種人來這裡玩滑板、打牌，角落裡還有人下棋。那裡有一整套生活方式，觀察哈德遜廣場未來是否出現類似的東西，將是有趣的事。儘管有可怕的建築，只要人們有意願，這個地方還是可以文明化的。例如在巴黎，龐畢度藝術中心的建築並不差，但它的前庭非常可怕，是你所能想像的最令人卻步和最乏味的建築。但不知如何，有人進入這裡，將它變成了一個充滿活力和生氣的空間。但這取決於當局容許某程度的公共空間自由運用，也就是容許各種人自由占用公共空間做各種不同的事。一個地方可能正是因此變得比較有趣和宜居。換句話說，設計師建造了一個空間，希望有人會來把它變得有趣。我希望會有人前往哈德遜廣場，把它文明化，將它變成根本不同的東西。但是，現在管理這種空間的私人利益集團往往以安全和社會控制的名義，禁止那種可以使地方變得有趣的瘋狂主意。

這使我回到關於資本體制下日常生活的本質和品質的問題。馬克思認為，人們享有多少閒暇，是一個社會是否富足的重要指標之一。馬克思指出，我們應該嚮往的是他所講的「自由領域」，而自由領域始於滿足了基本需求。因此，良好的社會是滿足了基本需求的社會：人人都有足夠的食物、足夠的衣服、足夠的居住空間、足夠的工作和足夠的機會，可以過不匱乏的生活。滿足了基本需求之後，人們有的就是閒暇，可以在自己喜歡的空間做自己喜歡的事。換句話說，人們對於如何運用自己的時間，必須享有某程度的自主權。但是，因為資本侵入日常生活，這種自主的可能不斷受損。資本剝奪了我們運用自己時間的自主權，使大部分人無法擺脫基本需求帶來的束縛。事實上，人口中最大的一部分必須為了滿足自己的基本需求努力奮鬥，而這意味著他們行使表達自由的能力和可用的時間非常有限。城市的最佳狀態是社會群體享有很大的社會自主權，可以用他們喜歡的方式做他們想做的事。我們一次又一次地看到支持自主和自由生活方式的技術和能力遭侵蝕、剝奪和消除。

這是當代生活的悲哀之一。我們被占用的時間越來越多，被控制的消費選擇也越來越多。以網際網路為例，它的歷史非常有趣。網際網路始於軍方採用的技術，隨後發展出一種藝術性的同儕創造系統，系統裡創新盛行，動力來自富創造力的個體，他們往往結成夥伴或保持對話。當時網際網路似乎可以成就真正的社會進步、社會溝通、社會生產，某些情況下甚至看似可以成就社會革命。但短短幾年間，這種過程被壟斷了，而且日益被當成一種商業模式來管理。資本主義商業模式接管了網際網路，我們因此有了臉書、Google和亞馬遜這種公司，它們基本上壟斷了日常生活的品質，誘發各種形式的消費主義，而這些東西在我看來是沒有靈魂的。這正是哈德遜廣場予人的感覺，而亞馬遜原本打算落戶皇后區，遭抵制之後選擇在哈德遜廣場的一塊空地上興建新設施，也就不足為奇。亞馬遜與哈德遜廣場彼此相配，但這對我們毫無意義。這地方遠觀很美（閃閃發光），是山丘上的閃亮城市。它遠看像是《綠野仙蹤》（*The Wizard of Oz*）裡的奧茲國，但你靠近它時，會發現裡面無聊乏味，沒有什麼事可以觸動當地人的情感。再說一次，我不想說這個空間不可能被轉化為不同的東西。人們確實會控制他們的社會空間，並賦予這些空間一種風味；他們是成就城市靈魂的主要力量，而資本只會促進非自主的消費形式。

馬克思沒有花很多時間討論消費方面的問題。但消費問題和我們之前談過的問題有關，那就是隨著資本總量指數式增加，增加的商品量可以在哪裡找到市場？可以如何藉由鼓勵消費消化增加的商品量？隨著商品總量增加，顯然必須有越來越多人來消費這些商品。但他們必須有錢購買這些商品。這一切意味著社會的組織方式不但必須能夠處理利潤率下降的趨勢，還必須能夠處理越來越大的商品量的價值實現困難，而越來越大的商品量如今正變得越來越棘手。我經常引用中國水泥使用量的例子：曾有兩年時間，中國用掉的水泥比美國一百年的總用量多百分之四十五。這是因為中國因應二〇〇七至二〇〇八年中國出口業衰退，推動大規模的城市化計畫，結果是水泥的生產和使用量大增。這就引出一個問題：如果商品總量像水泥生產和使用量那樣繼續增加，消費者和地球環境都將遇到嚴重問題。

這是我們目前在全球暖化和其他環境問題方面面臨的關鍵困難之一。商品量不斷增加與廢棄物量不斷增加有關。現在人們突然非常關注塑膠汙染問題，希望禁用塑膠袋和其他塑膠製品，因為大量塑膠廢棄物汙染海洋，製造出一些可怕的例子，例如死掉的鯨魚被發現胃裡滿是塑膠袋。塑膠生產、使用和廢棄的量不斷增加，是個必須關注的問題。全球對基本資源的需求也已激增。銅、鋰、鐵礦砂的產量猛增，主要是因應中國規模驚人的城市化計畫。即使在利潤率下降的情況下，流通中的商品量仍以某種速度複合式增加。浪費的城市化建設（例如哈德遜廣場）導致採礦量不斷增加，這必須理解為資本再生產和維持資本積累的必然結果。但是，這種開發主義（extractivism）對人們生活方式的再生產在多大程度上是必要的？而這將是怎樣的生活方式呢？我過去常說，雖然有關我們想建設怎樣的城市引起大量討論，但真正的問題是我們想成為怎樣的人。我們想建設怎樣的城市，應該取決於我們想成為怎樣的人。我不想成為那種在哈德遜廣場顯著文明化之前，會想住在那裡的人。但哈德遜廣場文明化是很難想像的。很難想像無家可歸者、龐克搖滾樂隊或女性主義公社進駐那些高樓，而這些人有望使這個地方的社會環境變得有趣得多。

經濟產出不斷增加和人們大量消費，通常被視為資本人類史上的正面特徵，雖然隨之而來的是許多人暗中不滿日常生活的某些特質，而這與生活在競爭激烈的消費社會中壓力巨大有關。我認為我們應該換個完全不同的角度來處理消費主義的問題。當代消費無止境和複合成長產生的症候群與資本的無止境積累相似，需要我們批判性地評估和因應。例如我們應該更有創意地思考如何減少和控制我們從地球深處開採出來的大量資源；我們開採這些資源，是為了滿足對資本無止境積累至關重要的當代補償型消費。這是我們現在面臨的重大社會和政治任務之一。正如許多人現在在氣候問題中指出，我們不難認識到，東西一旦達到一定的規模，就會變得難以控制，甚至是不可能控制。但這當中真正重要的是，控制碳排放率越來越不重要，因為大氣中既有的溫室氣體量已經多到足以造成驚人的破壞。

在所有這些問題中，既有規模與變化率的問題至關重要。但這些問題都不能孤立地處理。資本的無止境擴張將某種生活方式強加給大眾。但擴張決定了生活方式的轉變，而整個生命週期的更替速度也加快了。這些生活方式的轉變依附於資本無止境積累的消費主義原則和勞動過程。對即時滿足的主觀動機和欲望是支持和確認新自由主義資本主義核心原則的全部關係的一部分。

例如加快速度對資本主義生產方式是必要的。加速是我可以在產出和競爭力方面領先對手的方法之一。如果我做得比你快，我就贏了。我們因此非常強調加快速度，結果是我們多數人必須在各方面加速，包括更快地消費、更快地適應，以及更快地工作。放鬆的、緩慢的消費變成一種無法實現的癖好。有些人認為，恢復採用緩慢和在地的食物，可以建構另一種社會。我喜歡慢食（slow foods）的概念，但另一方面，這不是多數人可以採用的生活方式，而這無論如何也不會成為一場革命性的消費運動。但它至少提出了社會運轉速度的問題，涉及需求與欲望變化的方式如何牽涉即時滿足，導致奇觀取代實物成為消費的對象。奇觀的優勢在於它們隨即消失。有心人大有可能在The Shed和各種其他地方組織奇觀，嘗試藉此證明哈德遜廣場的價值。或許他們可以找到某個博物館進駐那裡，試圖以這種文化手段證明周遭環境的價值。對資本的分析必須考慮變化率、既有規模、速度和整體關係。變化率、既有規模和速度也影響消費主義，其結果是界定了某種生活方式，而對許多人來說，這種生活方式已經變得疏離和陌生，即使它提供了表面的滿足和即時的滿足。在這種情況下，人們對日常生活品質的不滿很容易增加和惡化。

第十一章　原始積累

《資本論》第一卷第八篇處理馬克思所說的原始積累，講述資本如何產生和取得權力。我喜歡閱讀《資本論》的原因之一，是馬克思會因應他闡述的主題改變寫作風格。有些段落非常抒情，有些段落是密集的理論敘述，有些段落是事實的歷史陳述，還有些段落是非常枯燥地說明多少個這個等於那個。但來到講原始積累的《資本論》第一卷最後一部分，我們看到的都是簡短、尖銳和冷酷的章節，彷彿馬克思試圖利用他的寫作風格突顯資本崛起涉及的殘忍與暴力。

馬克思講述的關於資本起源的故事，與當時流行的資產階級觀點和說法背道而馳。當時的政治經濟學家把資本的起源故事說成是個合乎道德的故事。他們說有些人細心、深思、節制、負責，懂得展望未來，也有能力延宕滿足。但也有些人揮霍無度，選擇過放縱的生活。結果有德行的人成為創業者，他們延後滿足，儲蓄、累積資源和展望未來。揮霍的人最終只能設法謀生餬口，也就是向給節儉的資本家出賣自己的勞動力，而資本家則負責設法有效利用這些勞動力。另一個故事是我們現在比較熟悉的，但在馬克思的時代已經存在，那就是資本源自基督教的美德，而這種說法後來被韋伯（Max Weber）寫成《新教倫理與資本主義精神》（*Die protestantische Ethik und der Geist des Kapitalismus*）這本重要著作。根據這種敘事，合乎道德的基督新教和貴格會（Quaker）的自我克制精神拯救了走向衰敗的封建經濟體制。貴格會的美德、延宕滿足、對金錢的審慎管理、創業技能，以及私有財產支持的對家庭的忠誠，是資本主義崛起的根源。馬克思未能看到韋伯的故事版本，但當年他有很多強調基督教本質、馬丁・路德思想和貴格會自制精神的論述可以研究。馬克思質疑並否定所有這些說法。他說，事情不是那樣發生的；事實是資本誕生的歷史是用「血和火的文字」寫成的。這是一個暴力、殘酷的過程，篡奪了以前的治理體系，篡奪了權力關係，動用了你所能想像的幾乎每一種犯罪手段，包括搶劫、盜竊、暴力、詐欺，以及濫用國家權力。

這就是馬克思想講的故事。或許他有點過頭了，但另一方面，我們回顧歷史就會發現，這段歷史確實充斥著他所講的事。他斷然否定資本起源的宗教敘事，認為它是完全虛偽的。如果你想了解宗教人士的真實作為，只需要看看基督教教區的組織方式，看看窮人在濟貧院、孤兒院之類的地方得到的待遇。他們建造了監獄，建立了一種監禁政治（一直持續到今天）。基督教處理失業和貧困問題的方式，伴隨著對流浪者的暴力壓制和對人性尊嚴的侵犯。

但是，馬克思想講的主要故事，是大眾被人以暴力手段剝奪了取得生產資料的可能（最明顯的是失去土地），並被剝奪了日常生活再生產的其他可能，只能把自己的勞動力當作商品賣給新生的資本家。在馬克思看來，這種暴力的剝奪，以及這種暴力的社會秩序重組，就是資本的原罪。我認為他闡述這個原罪概念的方式很有趣。因為有一些思想家，例如德希達（Jacques Derrida），他們會說任何社會秩序出現時都帶著其暴力起源的痕跡，而且永遠無法抹去那段歷史。起源的暴力不斷困擾它，一次又一次地回來困擾它。馬克思說，資本主義的起源涉及許多訴諸暴力的剝奪、徵收、驅逐，而眼下正是觀察這些暴力手段回歸的大好時機。事實證明，諸如此類的事如今大量發生在我們周遭。有錢有勢者以弱勢者和少數群體為目標，以惡劣的手段侵占資源，同時訴諸謊言和騙人的把戲掩飾其惡行。這是個有趣的時刻，我們可以好好思考原始積累的暴力正如何困擾我們。

馬克思認為，封建秩序是以若干非常特別的方式受損的。一方面是被商業資本主義破壞；這種資本運作的基礎是賤買貴賣，或是直接將無力抵抗商人的武力和財力的弱勢者的產出據為己有。另一方面是遭高利貸破壞，因為放貸者擅長藉由放貸奪取別人的土地。因此，放貸者和商人資本家一起破壞了封建權力。這為貨幣資本積累和集中在極少數人手上創造了可能。然後這些人就可以利用這些資本，嘗試奪走大眾控制的任何生產性資產。馬克思所講的原始積累故事，最終就是勞工階級形成，他們除了在勞動市場出賣自己的勞動力，不可能以其他方式生存。

這是馬克思希望藉由不同歷史階段的情況向我們揭露的祕密。首先發生的當然是占有土地，所以我們看到公地被圈占，私有產權強加在土地上；此外就是藉由對教會地產的掠奪，以及對國家（或王室）土地產權的奪取和私有化，逐步集合土地。這種私有化產生了一個地主資本家階級，他們的主要任務是將工人與土地分開，使他們被迫流落街頭。馬克思認為，這意味著以公地使用權為基礎的社會秩序崩潰。因此，我們看到的大型運動之一是圈占公地，而這實際上是一個法律過程。馬克思強調非法的占有過程最終如何變成合法的占有過程。受資本支配的國家立法沒收大眾的土地，並將土地使用權私有化。實業資本家以另一種方式出現。他們以地產和雇傭勞動的存在為基礎，但在建立金錢勢力之後，開始利用它來賺更多錢。這就是資本的源起。

這是馬克思在《資本論》中所講的一個非凡的故事。他以各種方式講述。但非常驚人的一點，是這個體制建立在極度虛偽的基礎上。之所以虛偽，是因為自由主義理論認為，個體結合他們的勞動與土地，並主張對自己的勞動產出擁有無可質疑的權利，此時就產生了私有財產。但受僱於資本的勞工沒有權利獲得自己的勞動產出，因為勞動產生的東西屬於資本。此外，勞工也沒有權利控制勞動過程，因為勞動過程是資方設計的。隨著社會開始邁向以雇傭勞動為基礎、比較資本主義的社會秩序，十七和十八世紀發生的事完全顛覆了約翰・洛克（John Locke）提出的自由權利理論。

我之所以認為這很重要，是因為要問這個問題：馬克思所描述的原始積累過程在多大程度上仍與我們同在？馬克思有時似乎使人覺得，資本的運作曾經充斥著這些非法的暴力過程，但在資本出現並正式確立其地位之後，所有早期的非法作為即可拋諸腦後，社會從此基於法治運作，經由經濟體系實踐的微妙決策取代了暴力剝奪。因此，你從馬克思《資本論》第一部分得到的印象是基本上有一種和平和合法的市場過程；市場交易已經運作良好，利潤率平均化已經確定，私有產權已經牢牢確立，諸如此類。自由市場體系被假定為以一種完善的、相當烏托邦的方式運作。在《資本論》的頭幾章，馬克思確實提到亞當・斯密（Adam Smith）和李嘉圖（David Ricardo）的古典政治經濟學烏托邦願景。馬克思實際上說，我們暫且接受他們的烏托邦願景，然後試著釐清在市場自由交易和私有產權法律制度的基礎上，資本是如何運作的。所以你會有這種印象：從前曾有一場暴力的對抗造就資本崛起，但在此之後，資本安定下來，演變成一種法律制度，然後一切都是按照資本積累的運動規律運作。馬克思向我們證明的是，這個體制的運作並不是（如亞當・斯密所講的那樣）造福所有人，而是導致富有的資本家相對於貧窮的勞工享有特權。但這是一個依照法律運作的過程，因此不必再訴諸暴力、剝奪和驅逐之類的手段。

但是，如果我們檢視現今的社會組織方式，我們會看到大量的暴力剝奪，而勞資關係也涉及大量的暴力和脅迫。我們被社會中實際發生的日常暴力所包圍。資本的原罪似乎不斷回來困擾我們。在我們自己的時代，這正成為一個關鍵問題：如何面對實際上的資本不法行為？不幸的是，烏托邦式古典政治經濟學提出的資本理論脫離現實。資本主義已不再可以視為一種和平、合法、非強制的制度，如果它曾是這種制度的話。事實上，我們如今面對的不僅是過去的暴力剝奪制度的延續，還是這種制度的復活。如今與我們共存的資本形式並不是基於平等交換，而是基於一種侵占和剝奪的暴力。

關於原始積累的技術和做法在資本主義的漫長歷史中實際延續了多少，一直存在一些爭議。若干重要的思想家認為，如果這些做法沒有部分延續下去，社會不可能真正穩定下來。漢娜・鄂蘭（Hannah Arendt）尤其如此，而羅莎・盧森堡也是這樣。羅莎・盧森堡實際上特意指出，馬克思關於資本主義生產的持續性的論述遺漏了一些東西。在她看來，資本積累所需要的系統擴張取決於原始積累的做法在資本主義動態中持續。資本延續下去的唯一辦法，是在資本主義動態之外找到一個地方滿足資本積累的需求。這個外面的地方有賴殖民主義和帝國主義的實踐提供。資本的擴張有賴發生於資本主義社會邊陲的原始積累，而盧森堡認為，這是資本主義的一個永恆特徵。她實際上是說，帝國主義是資本主義的一個必要特徵，邊陲的原始積累是資本生存的必要條件。邊陲一旦被完全吸收，不再有地方可進行原始積累，那就標誌著資本主義的終結。盧森堡說，但與此同時，將資本的動態理解為一種順暢運作、類似法律的體系，或主要發生在邊陲的粗暴和混亂的原始積累，是有實質差別的。邊陲地區被吸收到資本主義體系中，總是以暴力的侵占剝奪和暴力的帝國主義干預為基礎。

我認為這是個值得探討的有趣論點。馬克思的著作中有一些段落似乎顯示，連他也認為盧森堡描述的那種情況實際上會發生。例如他承認，系統擴張需要擴大取得原材料的途徑，以及擴大市場。此時馬克思立即說，嗯，站在戰術的角度，這實際上正是英國在印度所做的事，當時印度成為英國蘭開郡紡織業擴張的大市場。為此英國必須摧毀印度本土的紡織業，這是英國施展其力量所做的事之一——摧毀印度的紡織業，迫使印度人購買蘭開郡的紡織品。因此，英國在市場擴張方面的需求，藉由摧毀印度本土工業產能、打開印度市場獲得滿足。但如此一來，印度就必須有財力為進口的紡織品埋單，而這導致印度圍繞著供應原材料組織其大部分生產活動。印度因此生產棉花、大麻纖維、黃麻等東西做出口用。但是，正如盧森堡指出，這些產品的出口所得不足以支付印度進口的紡織品。印度因此必須還有其他收入，結果是暴力的原始積累再度登場，因為正如盧森堡指出，印度實際上是在英國人的強迫下開始大量種植鴉片，然後出口這些鴉片到中國，而英國人藉由鴉片戰爭迫使中國開放市場。中國人不想要鴉片，但他們被迫開放鴉片進口。中國被迫開放上海作為通商口岸，大量進口鴉片賣給中國人。中國人用他們大量擁有的白銀購買鴉片。結果中國的白銀流向印度，然後又從印度流向英國。

盧森堡描述的是一種帝國體系，它著眼於邊陲地區發生的原始積累，而這將一直持續下去，直到所有邊陲地區都被吸收到資本主義動態中，而屆時資本將無法為自己找到一個夠大的市場。因此，這個故事是關於帝國主義如何在邊陲地區延續原始積累——其實直到今天，我們仍可以在邊陲地區看到馬克思所講的那些事情。例如約從一九八〇年以來，中國農民被動員到全球資本主義生產中，正是馬克思描述的十七和十八世紀那種原始積累的典型例子。同樣地，印度農民被剝奪土地和該國僱傭勞動結構日增，以及世界各地農民組織形式遭破壞，似乎都告訴我們，馬克思當年所講的原始積累至今仍是資本主義社會的一個特徵。不過，馬克思的原始積累理論主要不是針對市場問題或原材料問題，而是針對全球傭傭勞動力的形成。而我認為全球傭傭勞動力約從一九八〇年以來增加了約十億人，是有重要意義的。那種經典意義上的原始積累至今仍與我們同在。

盧森堡的這個問題是有一定意義的：如果整個世界都已經被組織到資本主義裡面，沒有外部空間進行原始積累，那將會如何？在這種情況下，我認為我們將需要與原始積累類似的另一種積累形式，它將使資本體制得以穩定下來，而這就是我接下來要談的。

第十二章　剝奪式積累

我曾與我的好朋友阿銳基一起教一個研討班，他一直致力了解全球資本積累結構的深層變化。我們一起檢視當代資本主義中無數的資本積累過程。在這過程中的某個時候，我記得我這麼說：「注意，我們要處理的不僅是馬克思在《資本論》第一卷中描述的基於在生產中剝削活勞動（living labor）的資本積累。我們還必須考慮基於純粹的剝奪的積累方式。」阿銳基問我，我是否想說「我們必須考慮剝奪式積累（accumulation by dispossession）」？我說：「是的，我認為我們必須考慮這問題。」從那時起，我經常在我的文章中談到剝奪式積累，視之為一種類似在生產中剝削活勞動的積累形式。

我談論剝奪式積累時，並不是在講原始積累。原始積累迫使大眾離開土地，並圈占公地，催生了僱傭勞動者隊伍。我說的剝奪式積累，是指已經積累的財富被某些資本部門在完全不考慮投資於生產的情況下據為己有或竊取。這可以若干不同方式發生。我認為當代資本主義非常仰賴而且越來越仰賴剝奪式積累，而不是那麼仰賴基於在生產中剝削活勞動的積累。我這麼說是什麼意思呢？舉個例子，在《資本論》中某處，馬克思檢視資本日益集中的問題。這涉及資本從被迫停業的小生產商那裡竊取資產並加以整合。併購如今是大生意。大資本像大魚吃小魚那樣接管其他資本，藉此擴大自己的規模和勢力。現實中有資本集中的「規律」。在資本體制下，大企業接管規模較小的公司，創造出一種類似壟斷的情況：大企業支配一切，收取壟斷價。

以Google崛起為例，它在它的擴張過程中接管了多少家小公司，才發展成為現在這樣的巨型企業？這就是矽谷的運作方式：創業者開發小型業務，設立小型個人公司，發展到某個階段時接受大資本的收購，成為巨型企業集團的一部分。企業積累資本未必要靠僱用勞動力，也可以藉由接管別人的資產和分售資產（完成併購後出售公司部分資產）。馬克思觀察到，信貸系統成為資本集中的主要工具之一。槓桿收購變得相當普遍。有心人設計出各種各樣的策略方便企業進行併購。如果流向某些經濟部門的流動資金被切斷，企業發現很難或甚至不可能展延債務，它們就可能被迫破產，即使它們的業務是健全的。銀行和金融業者可以買下這些企業，並在流動性恢復後賺取巨額利潤。這正是一九九七至九八年東亞和東南亞危機中發生的事。

類似的事也發生在美國房市危機期間。許多人因為被取消贖回房屋的權利，被迫交出自己的房產，而當中有些案例涉及非法手段。因為許多房貸戶失去還款能力，大量房屋必須以低廉的法拍價出售。此時私募股權業者百仕通集團（Blackstone）介入，以極低的價格買下這些被取消贖回權的房屋。百仕通很快成為美國最大的房東，甚至可能是全球最大的房東，靠出租房屋賺取厚利。隨著美國房市復甦，之前低價購屋的人可以賣出房子，了結巨大的獲利（舊金山和紐約房市迅速復元，其他地方比較慢）。這種運作已經成為經濟非常大的一部分，其基礎是一種與生產無關的積累過程，只追求藉由買賣資產獲利。但這個例子比較特別的是，標的資產在特定的歷史時刻因為市場機制的運作被迫大幅貶值。這些資產的價值隨後大幅回升，而能夠把握機會獲利的是私募股權業者。

這是一種與生產完全無關的資本積累方式。如果你非常仔細地觀察，會發現社會中如今有大量財富是以這種方式取得和交易的。這意味著資本積累是藉由資產價值向上重估發生。資本積累不再與生產有關，而是仰賴操縱資產價值的交易。這種過程現在也以其他方式發生。例如城市中若有某部分看來正開始變得比較高級，我們就往往會看到著名的仕紳化過程，其結果是低收入人口被逐出原居地。這是如何做到的？有些手段是合法的，有些是可疑的，還有一些是完全非法的。地主當然有一些奇妙的方法可以用來趕走租客。一九七〇年代的美國就有這樣一種策略：燒掉建築物，獲得保險賠償，為開發高級地產項目鋪路——「布隆克斯區在燃燒」是紐約市某天晚上電台廣播的一句名言。這種驅逐過程在整個資本主義世界的城市地區正變得重要。遭驅逐的人還是必須在地方住，他們通常只能搬到偏遠的城市邊陲。

這聽起來有點像馬克思所講的奪取土地的原始積累，只是它不是為了創造僱傭勞動力，而是為了解放空間，以便資本可以進來重建目標地區，藉由一種都市化積累策略將目標地區重新仕紳化。細察之下會發現，這種操作也是剝奪式積累。因為這種操作，弱勢者被剝奪了他們的權利，被剝奪了住在城市裡好地段的權利。他們被迫搬到城市的邊陲地區，為了上班可能必須長途跋涉。因此，我們將一次又一次看到弱勢者遭驅逐。我們將看到類似的事再次發生在土地上。整個非洲和整個拉丁美洲如今都出現「搶地」（land grabbing）這種操作。資本在尋找投資的好標的：「你看，未來在於控制土地和土地上的資源，例如原材料、礦產資源，以及土地的生產能力。」大資本開始壟斷資源，越來越多財富集中在食租者（rentiers）而不是直接生產者手上。

我們也開始看到剝奪式積累以另一種方式發生。在美國，受僱者的勞動契約通常賦予他們享有健保和退休金的權利。在當代社會，尤其是先進的資本主義世界，這些權利極其重要，但如今岌岌可危。我們看到，現在連中國這種國家也出現了此類問題。退休金權利是在未來獲得收入的權利，據稱是有保障的，而當事人退休前可能必須提撥一些錢到退休基金裡。但是，許多公司發現自己承擔的退休金和健保負擔實在太重，不可能真的靠持續提撥資金來應付。因此我們已經看到許多大公司試圖逃避它們的相關義務。大型航空公司是這方面的高手。聯合航空宣布破產。美國航空也宣布破產。這並不意味著他們就此停飛。他們進入第十一章破產保護或某種其他程序，因此得以在法官的監督下重新協商他們原本承擔的各種義務。他們通常會說：「我們必須擺脫過去的義務，否則無法恢復營運。」法官說：「嗯，你這話是什麼意思？」答案是：「我們必須擺脫我們原本承擔的退休金和健保義務。」結果是這家公司實際上背棄承諾，員工發現自己喪失了退休金權利，從此失去他們的退休金。在美國，有一個退休金保險基金，它會說：「嗯，如果聯合航空放棄它的退休金制度，美國航空也放棄，那就由國家來接手吧。」問題是國家接手的結果與受影響者所期望的相差甚遠。例如美國航空的員工可能期望退休後每年拿到八萬美元的退休金，但退休金保險基金只能每年支付四萬美元，而許多人將很難靠這筆錢生活。取消退休金權利成為資本家藉由犧牲退休金領取者來加強積累的一種重要方法。這正是希臘許多人遇到的情況。我有一名同業，三年前在希臘退休，直到上個月才領到第一筆退休金。這三年裡他領不到任何錢，因為國家沒有負責任地撥款給退休基金和做好投資管理。退休金權利如今在世界各地都成了一個大問題。背棄對受僱者的承諾、取消他們的退休金權利，如今是支持大資本積累的一種手段。

這些積累形式如今全都與我們同在。它們與馬克思描述的資本誕生時存在的那些形式不一樣。它們不像原始積累。它們涉及資本體制下已經創造出來和分配的價值，但這些價值正經歷再分配，從大眾手上被奪走，以增加權勢日益集中的企業和最富有百分之十人口的巨額資產財富。我們必須認真看待剝奪式積累。它已經成為目前資本再生產的主要機制之一。當然，剝奪式積累一直存在，而且一直很重要。它從未消失過。馬克思為我們描述了十七和十八世紀的資本原始積累，剝奪式積累的要素當時已經存在，並且從它誕生一直延續到現在。但值得注意的是，自一九七〇年代以來，越來越多的積累轉為剝奪式積累，減少的是藉由在生產中僱用和剝削勞動力創造價值。這帶出一些有趣的問題，包括我們目前所處的資本主義社會本質如何？我們必須在多大程度上組織反剝奪式積累的鬥爭？當然我們看到廣泛的反仕紳化鬥爭，它們希望阻止利益集團將弱勢者驅出城市裡的好地段。也有人致力反對剝奪民眾的退休金和健保權利。此外也有鬥爭反對搶地——搶地操作與馬克思所講的十七和十八世紀的那種運作相似，當時富裕階層經常動員國家權力來奪取大眾的土地。在我們自己的時代，我們看到許多形式的剝奪擴大和多樣化。例如你若檢視美國最近的稅法改革，會看到有心人藉由租稅安排對財富和權力進行再分配，同時剝奪稅法原本保障的某些權利。價值的流動越來越傾向嘉惠企業和富裕階層，同時犧牲所有其他人。因此，當代稅法是剝奪式積累的一種工具。

剝奪的手段有很多。針對當前形勢下的剝奪式積累和成就這種積累的各種機制，掌握完整的研究資料是很重要的。這是資本主義誕生時的原罪回來困擾我們的時刻。原始積累是建立在暴力、謊言、欺騙之類的手段上。但是，你若檢視二〇〇七至二〇〇八年美國房市發生的事，會發現大部分運作是以非法剝奪大眾的房產為基礎，而動用的手段包括暴力、詐欺和散播特定的陰謀論和謊言（例如責怪受害者的敘事）——它們正是資本家階級及其政治權力如今運用的主要手段。剝奪式積累是我們當前的經濟運作非常重要的一部分，而它當然引起大量的抗議。我們的經濟正經歷非常重大的轉變，成長正被導向剝奪式積累，而不是藉由有組織的勞動過程，以較傳統的手段剝削和占有剩餘價值。

原始積累與剝奪式積累的一個共同點，在於近數十年間發生的國有和公共財產私有化的巨大浪潮。柴契爾夫人上臺後，不但立即著手將社會住宅盡可能私有化，還將供水、運輸和各種其他公共資產（包括所有國有企業）私有化。在幾乎所有情況下，公共資產都是以折扣價出售，因此賦予私人利益集團利用私有化為自己謀取經濟利益的好機會。掠奪公共財產的運作迅速進行。陷入困境的實體，例如危機時期的希臘政府，被迫將各種形式的國有資產私有化以換取財政支持。在希臘的例子中，甚至有人建議將巴特農神殿私有化，以助債臺高築的政府穩定財政。

然後商業資本（merchant capital）重新成為主要的權力中心（相對於工業生產資本而言），掌控占有財富的獨特機制。Google這樣的公司某程度上參與設計新的生產工具，但Google的主要運作是利用市場機制占有資產。這是規模巨大的商業資本主義運作。蘋果公司變得非常重要，也是藉由商業資本主義運作在市場中占有資產，而不是藉由組織生產能力投入生產。在某種意義上，工業資本主義已經變得越來越屈從於商業資本主義和資本主義的食租形式。食租資本主義（rentier capitalism）和商業資本主義的運作機制越來越仰賴剝奪式占有和積累，而不是組織生產和在生產中剝削活勞動。這就是我們已經邁向的那種資本主義社會。它不是傳統的左派組織技術所能馴服的。它必須由一種完全不同的政治組織和計畫來馴服，而我們要仰賴與現行形式不同的政治抗議提供活力。

第十三章　生產與實現

反資本主義鬥爭存在於生產環節；存在於市場中的價值實現環節；也圍繞著社會再生產問題發生，不僅是勞動力的社會再生產，還包括整個生活方式的社會再生產。我想在這裡談談生產與實現的問題。馬克思主義理論思考這問題的典型方式，是將工廠視為剝削的場所。工廠是集體勞動的場所，由資本建立、組織和控制，是生產和再生產價值與剩餘價值的場所。這一直是很多思考的核心。但如果工廠消失了，那將如何？在美國和歐洲這樣的先進資本主義經濟體，我們已經經歷了一段去工業化時期，期間工廠變得越來越不重要。這就帶出我們現在面對的有趣問題：勞工階級在哪裡？勞工階級由誰構成？且容我先提出一個有點異端的想法：或許我們現在應該拿掉「階級」這個詞，只說「勞動者」。我之所以有此想法，是因為「勞工階級」通常暗示與某種勞動狀況有關，改用「勞動者」可以擴大問題的涵蓋範圍，有助我們重新思考以下問題並得出不同的答案：誰是勞工階級？勞工階級可能做什麼？他們在當前形勢下可能掌握什麼力量？

約從一九七〇年開始的去工業化終結了大量藍領工作。且以我最了解的美國和英國為例。在這兩個例子中，大量的職位流失是技術變革造成的。據估計，過去三十或四十年裡，約百分之六十的職位流失是拜技術變革所賜。餘下的主要是因為業務外移，也就是低薪工作被遷到中國、墨西哥或其他地方。受技術變革影響，許多生產活動需要的勞動力大幅減少。例如一九六九年我到巴爾的摩時，當地有非常大的鋼鐵廠，僱用超過三萬人。到了一九九〇年代，它們的鋼鐵產量不變，但僅僱用約五千人。到了二〇〇〇年代時，巴爾的摩的鋼鐵廠不是已停業，就是被收購後重開，僱用約一千名工人。一九六九年我首次接觸鋼鐵業工人工會時，它是這個城市裡一個非常強大的機構。但現在，它面對的當然主要是退休人士和退休金領取者。這個工會在巴爾的摩市政治中已經沒什麼地位可言。

許多人可能很想說勞工階級已經消失了。但如果你仔細想想，會發現事實可能不是這樣。勞工階級只是不再生產同樣的東西，不再從事同樣的活動。例如為什麼我們會說製造汽車或鋼鐵是勞工階級的職業，而做漢堡包就不是呢？如果你看一下就業數據，會發現麥當勞、肯德基、漢堡王等公司僱用的人數大增。這些領域的就業人數大幅增加。這些勞工像汽車工人一樣在產生價值，只是他們生產的是熟食，而不是鋼鐵和汽車。我們應該以這種方式思考「新」勞工階級。近年我們看到快餐業勞工開始組織起來，並採取激進行動。但他們的工作性質使他們較難組織起來。

馬克思所講的「自在階級」（class-in-itself）圍繞著這些新就業類別的散播和成長形成。它現在開始變成一個「自為階級」（class-for-itself），因為它開始與麥當勞鬥爭，要求每小時十五美元的體面的最低工資，或更高的生活工資。快餐生產部門正經歷許多騷動。但我們也

17 注意，本章寫於冠狀病毒瘟疫導致政府實施抗疫封鎖措施之前。

必須以類似方式考慮所有的小餐館老闆和他們的員工。紐約市經常被視為一個寄生城市，仰賴其他地方的大型工業城市創造的價值生產。但它實際上是個創造大量價值的城市。如果你著眼於餐館員工之類的就業形式，會發現人數有巨大的成長，而與此對應的是總產出價值增加。這種行業是非常勞力密集的。這種就業最終可能受人工智慧技術應用衝擊，但這些行業目前仍是非常重要的就業中心。四十年前，大雇主來自汽車業和鋼鐵業，因此是通用汽車和福特等公司，如今最大的僱主是肯德基和麥當勞之類的公司。這是可以找到新勞工階級的關鍵地方之一。但這些勞工很難組織起來，因為有許多人是臨時工，工作一段時間之後就會離開。但我們現在看到一些組織的可能，尤其是利用社群媒體來組織，因此這當中有一些政治可能。

有一天，有件事使我想到了一些可能。那天我搭飛機離開達拉斯機場時，從機上望出窗外，看到了機場工作人員。我突然想到所有在機場工作的人。在馬克思的理論中，運輸是會產生價值的。因此，任何人參與運輸業、將人和商品從某個地方運送到另一個地方，實際上都是生產性勞工階級的一員。在機場工作的人包括那些幫忙把飛機推出去的人，那些把行李搬上或搬下飛機的人，那些在機場裡面安排我們登機或下飛機的人，以及那些維修和清潔飛機的人。

你若檢視機場的勞動力結構，會發現那裡的人工資不高，但卻有一種非常特別的力量。

使我印象深刻的另一件事（此後我去到每一個機場都會思考這問題），是你若仔細觀察機場的實際運作主要靠哪些人的工作維持，你會發現美國的機場工作人員有大量的有色人種，尤其是黑人，此外還有拉美裔，一些來自東歐和俄羅斯的白人新移民，以及職業婦女。我突然想到，機場是思考當代勞工階級構成的一個有趣地方。這個階級的主力是受薪婦女、受薪黑人和其他有色人種，以及受薪外來移民，尤其是拉美裔。在這種結構中，種族、性別和階級的共同利益在一個層面上融合了，而身分認同卻始終不同。

這些人的工資有多高？得到怎樣的社會保障？他們的工資都相當低，而與此同時，他們根本沒有好好組織起來。我因此有此幻想：假設機場所有工作人員突然決定在某一天罷工，導致機場停止運作。假設美國有六個機場——洛杉磯、芝加哥、亞特蘭大、紐約、邁阿密和達拉斯沃斯堡——一起關閉，直到所有機場工作人員的要求得到滿足。在此情況下，整個美國很快就會無法正常運作。在現實中，川普決定任由美國聯邦政府在二〇一九年一月停擺一個月，認為這是個好主意。但期間有一天，我記得那天是星期三，大家突然發現美國有三個機場無法運作。當局被迫取消紐約市拉瓜迪亞機場和另外幾個機場的大量航班，因為屬於政府雇員的飛航管制員無法繼續工作。他們已經有幾個月領不到工資，無法維持生活，因此有許多人沒去上班。有趣的是，打擊飛航管制員是雷根一九八二年的反工會重大舉措之一。突然間，川普、美國政府和所有其他人想必都認識到，三、四天內，美國大部分機場都將停止運作。如果你關閉美國的機場，基本上就切斷了資本流動。機場工作人員因此擁有巨大的潛在政治力量。如果將機場勞動者組織起來，你不但將處理黑人、拉美裔和女性之間的關係（這構成目前美國勞工運動的核心），你還將得到一個潛力巨大的勞工組織，有可能重創資本主義經濟，除非它提出的要求得到滿足。那麼問題是：這樣一個勞工聯盟會提出什麼要求？答案顯然是提高工資，使勞動者可以過體面的生活，享有體面的生活環境。我認為就具體建立勞工階級政治力量而言，一場全體機場勞工運動可做出真正重大的貢獻。

想想過去這種事接近發生的幾次情況。九一一之後，美國人停止搭飛機；大約有三天時間，一切都很平靜。然後我記得朱利安尼（Rudy Giuliani，當時的紐約市長），甚至是小布希總統，都出來在廣播中說：「大家請出來，恢復購物，恢復外出，恢復搭飛機。」他們意識到，如果國家無法真正恢復運轉，資本將蒙受巨大損失。雖然九一一事件引起的即時反應是停止正常活動，但我們隨即發現，當局迫切敦促我們恢復工作和各種活動。

然後是冰島火山爆發，噴出大量火山灰，導致跨大西洋航班停擺約十天。在那段時間裡，你幾乎不可能從紐約去倫敦，除非是先飛到里約熱內盧，然後再飛到馬德里——你必須做這種事，才可以去到倫敦。我設想的不是真的火山爆發，而是機場勞工的火山爆發。但此事要成真，機場勞工必須認識到：（a）他們有很多共同利益，而且會想提出一些共同的要求並得到滿足；（b）他們可以共同追求實現這些要求，而且他們已經建立了一股共同的力量，一股足以迫使系統停止運作的巨大力量。這是過去礦工、汽車工人之類的勞工威脅要做、有時真的去做的那種事。但現在做這種事的力量掌握在其他勞工手上，而且同樣強大。

勞動力結構已經改變了。如果能有一個組織集結所有餐飲業勞工（而非只是快餐業勞工），那就太好了（但將快餐業勞工組織起來是個好開始）。我們考慮當代勞工階級時，居重要地位的不再是汽車工人，不再是礦工。在英國，傳統勞工階級政治的核心曾經是礦業工會。當年它基本上被柴契爾夫人的一系列舉措摧毀了（反正她討厭礦工），但英國煤礦業基本上已經停止運作，而傳統的勞工階級政治也已幾乎消失。

面對這段歷史，我們必須準備好思考勞動力的全新形態，了解怎樣的勞動力有能力在其生產活動中發動鬥爭。但是，這種生產環節中的鬥爭與我們現在的各種生活方式不是沒有關聯的。因此，價值實現環節發生的事同樣重要。在機場勞工的例子中，我們談論的事實是如今越來越多人利用航空公司的服務，航空業正以非常快的速度擴張。美國的這種擴張當然沒那麼明顯，但像在中國，他們正到處興建機場，飛機乘客規模越來越大，亞洲的航空旅行因此大量增加。這也是基於發展特定的生活方式，而在這種生活方式中，我們可以設想自己只要有錢飛越大西洋或飛到任何一個地方，就可以自由行動。旅遊業推銷航班加住宿的套裝行程，成為全球經濟中成長最快的部門之一。這又是一種生活方式。這種生活方式當然也有一些後果，我們必須認真關注的其中一項是全球暖化和溫室氣體排放。一次橫跨美國大陸的飛行所排放的溫室氣體，不知道相當於多少千輛汽車整年的排放。這是溫室氣體的一個主要來源。那麼，我們想延續這種非常仰賴航空旅行的生活方式嗎？所以你可以看到，航空旅行的成長正在創造出一個勞工階級，以促進這種新生活方式的興起，但航空旅行的成長本身陷入了馬克思所說的生產與實現之間的矛盾統一。實現的問題與生活方式的問題，以及新需要和欲望的產生密切相關。問題涉及旅行的需要和欲望，身處世上某地而非另一地的需要和欲望。這些問題互有關聯。但在這裡，我認為我們看到的同樣是我們必須想清楚價值實現環節發生的事，新需要、欲望和生活方式的產生，以及生產環節發生的事之間有何關係。因此，我們在生產環節如何組織與我們對價值實現環節發生的某些事想做什麼有關。當代人渴望實現一種含有陽光、沙灘、性愛的田園浪漫幻想，當代經濟相當大一部分圍繞著這種渴望組織運作，意識到這一點使人大感驚訝。

類似問題也出現在社會再生產領域。一九四〇年代我在英國還是個孩子的時候，所有飯菜都是家裡做的，除了星期五我被派去一家商店（只在那天營業）買炸魚薯條（用報紙包，而我們必須自己帶報紙）。除此之外，我們都是在家裡煮食。現在的情況則是在世界上許多地方，煮食這件事很大程度上已經商品化和市場化了。大部分煮食工作已經不是在家裡進行。大家可以選擇利用Grubhub之類的外送平臺，購買在地餐館提供的餐飲。這種業務正在世界各地迅速普及。我上次在中國時，驚訝地發現許多人踩腳踏車送餐。在中國！這是煮食這件事市場化和商品化的標準過程。這可能是好事，也可能不是，我們可以討論其利弊。但我認為最重要的是我們正在談論的生活方式。這些非常大型的外送服務業者的面世和發展，配合快餐業者如漢堡王和麥當勞等公司，對美國所有人的日常生活產生了巨大的影響。我們觀察這整個形態，就必須承認這種生活方式的特性，這種生活方式中某些供應的方式和原因，正根本地重塑社會再生產的過程。過去是婦女在家裡做大部分煮食工作。現在如果家裡已經不怎麼需要煮食，這實際上是對那種將婦女困在廚房裡勞動的性別歧視的一種打擊。現在因為許多人常在快餐店吃飯或叫外賣，廚房家務工作已經大大減少。婦女在社會再生產中的這種勞動解放，使僱傭勞動力得以吸收越來越多婦女（例如機場就有很多女性勞工）。這並不意味著家務勞動或圍繞這些勞動的性別歧視消失了。但是，在過去一個世代裡，與價值實現和勞動分工的政治有關的社會再生產安排已經徹底改變了。

在所有這些方面，當我們提出「應該做什麼？」這個政治問題時，我們實際上必須問自己，針對這些新生活方式興起，針對圍繞著快餐業、機場和物流領域的某種強大的勞動組織形式的出現，我們應該具體做些什麼，以及我們可以如何動員這些新勞動力的力量來達到政治目的。我們必須設想社會秩序的轉變，使它從僅關注資本積累和資本結構，變成遠比以前重視社會與合作，同時大幅減少參與資本積累的快速擴張。但如何做到這一點是個大問題。

第十四章　碳排放與氣候變遷

我的生命中有這樣一些時刻：我所認識的新東西改變了一切，促使我檢視自己原本抱持的許多立場。有時那是我在理論上學到的東西，往往是我深入思考馬克思論述的結果。但有時那只是一條資訊。大約四個月前，我就遇到這樣一條資訊，它使我震驚不已，促使我檢視我的許多立場。這條資訊藏在美國海洋暨大氣總署（NOAA）公開的一張圖表中。該圖呈現過去八十萬年大氣中的二氧化碳濃度。這似乎是很長一段時間，但以地質學標準衡量並不長。但另一方面，這段時間長到足以捕捉到全球暖化和冷化的多個階段。在之前的八十萬年裡，大氣中的二氧化碳濃度從未超過百萬分之三百（三百 ppm），一直在一百五十至三百 ppm 之間波動，最高為三百 ppm。它在一九六〇年之後某個時候達到三百 ppm，然後在過去六十年裡，從三百 ppm 升至四百 ppm 以上。這是巨大和非常迅速的增加，其重要性遠遠超過之前八十萬年裡發生的所有事情。

此事的涵義和發生的原因一直使我著迷。涵義之一是倘若川普得知此事，他將廢除發表相關文件的海洋暨大氣總署，或至少命令它停止公布任何此類資訊。但是，大氣中二氧化碳濃度的增幅及其驚人水準意味著問題已經非常嚴重，而且幾乎肯定不利於人類延續既有生活方式。地球上所有的冰不會一夜之間融化，這將需要五十年或一百年，但這些冰終將消失，毫無疑問。而如果這些冰消失，海平面將快速上升（格陵蘭的冰帽已在減少），喜馬拉雅山脈的積雪將消失，而這意味著印度河和恆河一年中將有一些時間乾涸。整個印度次大陸將長期乾旱，世界其他地區也將經歷巨變。

四百ppm的二氧化碳從何而來？發生了什麼事？在此我將大膽提出一些令人尷尬的事，因為答案之一是中國發生的事。但我們必須先承認一件事：根據氣候變遷的動態，問題容易失控，也就是如果氣候變遷導致北極的永久凍土層融化（此事已正在發生），將會釋出甲烷，一種比二氧化碳致命得多的溫室氣體，而這將導致氣候變遷進一步加速。

海洋暨大氣總署的資料改變了我對氣候變遷問題及其應對方式的態度。在此我必須回頭談談自從我首度意識到環境問題以來，過去六十年間我對環境問題和環境議題的一般看法。在我還是個學生的時候，人們激烈爭論地球是否正在失去一個可用和可持續的資源基礎。當時人們最擔心的資源是能源，尤其是石油和其他化石燃料。那是一九五〇年代到一九六〇年代。在整個一九六〇年代，人們有進一步的激烈爭論，而到了一九七〇年（第一個世界地球日那一年），世人非常關注自然資源有限導致成長有極限的問題，但此時他們關注的問題也包括環境汙染和廢棄物堆積的問題。當時大量的文獻指出，地球的環境容量不是無限的，環境危機因此即將爆發。

第一個世界地球日標誌著連美國企業界也開始意識到人類可能面臨環境問題。當時《富比世》雜誌推出關於環境極限的一期特刊。該特刊的第一篇文章是尼克森總統寫的，基本上說我們必須關心環境，不能總是支配它。政治權力同意，我們在環境方面可能面臨某種問題。《富比世》對我們應該怎麼做有一些奇妙的想法，尤其是在都市化方面，例如談到新城市的設計，認為新城市應該大量植樹——大量證據顯示，企業界有意從事我們現在稱為「漂綠」（greenwashing）的行為。

但是，運動中也有一個較為激進的派別將問題歸咎於資本主義。面對加州聖塔芭芭拉海岸的漏油事件，加州大學聖塔芭芭拉分校的學生將一輛雪佛蘭汽車埋進沙裡，象徵性抗議人類過度使用和依賴化石燃料。在一九七〇年第一個世界地球日之前的一段時間裡，環境問題引起大量騷動。許多人對食物鏈的特質和空氣品質等問題感到不安。但是，巴爾的摩市的一項地球日活動使我大感訝異，因為在這個一半人口為黑人的城市，幾乎完全沒有黑人參加這項活動。出席者全都是白人中產階級。在這項活動的同一個星期，我去了巴爾的摩左岸爵士俱樂部，一個黑人占絕對多數、只有零星白人的地方。那裡的音樂非常好。現場樂手談到環境問題，獲得觀眾熱烈歡呼。他們的主要訊息是「我們最大的環境問題是尼克森」。黑人與白人對環境問題的界定顯然有巨大的差異。

此一經歷使我對環保人士的很多辭令十分不安。我特別抗拒環保運動中的末日派，他們宣稱世界末日即將來臨，世界將耗盡資源，環境災難將發生，一切都將崩潰。我一直抗拒這種末日觀，但這並不是說我認為環境問題無關緊要，或並不具有某些方面的重要意義。事實上，我認為環境問題非常重要，我認為我們必須在問題出現時認真處理。我只是不同意當時和後來一直存在的很多末日觀點。在摒棄末日觀的情況下，處理環境問題的方式是認真看待問題，藉由制定規則、實施監理之類的手段處理空氣和水汙染以及二氧化碳濃度等問題，而我們不會陷入恐慌，認為必須迅速解決問題，否則一切都將崩潰。

在一九七〇年代，經濟學家朱利安・西蒙（Julian Simon）與環境主義者保羅・艾利希（Paul Ehrlich）曾有一個著名的賭注。艾利希堅持認為世界人口過剩，我們將耗盡資源，糧食供給將減少，人類正在招致災難。西蒙則認為事實不是這樣。兩人因此打賭：西蒙說，十年後，所有基本大宗商品的價格都將有所降低，由此可見環境中不存在本質上的資源嚴重稀缺問題。艾利希同意打賭。十年後，他們檢視所有大宗商品的價格，結果是西蒙贏了。

此後有些人指出，艾利希輸掉賭注是因為一九七〇年不是開始打賭的好年分。換句話說，如果你在大宗商品價格特別高的時候開始打賭，商品價格十年後有所降低的可能性非常大。如果你在商品價格相當低的時候開始打賭，則情況很可能相反。正如有人指出，如果兩人在一九八〇年開始打賭，則到了一九九〇年檢視商品價格，結果將是艾利希勝出。因此，「我們是否面臨環境難題」是個存在已久的問題。豐饒論者認為環境有近乎無限的能力承受人類正在做的事，末日論者則認為我們面臨環境崩潰災難。兩百年前就有一個馬爾薩斯賭注，它認為全球人口的複合成長必將遇到自然資源的限制，造成國際饑荒和貧困，並將導致社會退化、暴力和戰爭。

這方面的爭論存在已久。我一直認為我們應該認真對待環境問題，但我也一直對末日派的見解和展望深感懷疑。但是，我看到現在大氣中的二氧化碳濃度超過四百ppm，而此前八十萬年不曾超過三百ppm，我的想法就真的改變了。這個超過四百的數字告訴我們，我們應該關注和控制的不是碳排放速度，我們真正該做的是開始關注大氣中已存在的溫室氣體的絕對水準。大氣中既有的溫室氣體若不減少，我們必將面臨環境加速乾燥、全球氣溫迅速上升、海平面快速上升，以及極端天氣日益頻繁等問題。由此看來，雖然我們現在討論的主要是如何限制碳排放速度，但這不應該是我們的主要政策。

降低大氣中既有溫室氣體（二氧化碳和甲烷）的濃度，是人類的當務之急。在第九章，我談到以變化率思考問題和以變化的絕對規模思考問題的差別。我提到這樣一種情況：如果初始水準非常低，即使變化率非常大，影響也可能微不足道。但如果既有規模非常大，哪怕是很小的變化率，變化的絕對規模也可能非常大。

但最近大氣中大量增加的二氧化碳來自哪裡？資料顯示，其中一個來源是中國二〇〇〇年後的發展。這種發展涉及大量興建基礎設施。近年我很喜歡向人展示中國的水泥使用量圖表。中國因為水泥使用量暴增，兩年半用掉的水泥比美國一百年的總用量還多百分之四十五。自一九九〇年代起，中國一直以非常快的速度擴張，但此一過程在二〇〇七至二〇〇八年的危機中大大加快，因為中國（對美國）的出口市場崩潰，北京必須提出一個所有其他國家無法想像的基礎建設計畫，藉此穩住經濟。在其他國家進入緊縮狀態之際，中國厲行擴張政策。

我之前指出，中國藉由這個大規模的基礎建設計畫，將全球資本體制從二〇〇七至二〇〇八年的崩潰中救了出來。中國這麼做不是因為它想這麼做，而是因為這是它解決出口業崩潰造成的勞動力過剩問題的唯一辦法。因此，中國救了全球資本體制，代價是溫室氣體排放大增。這是大氣中的二氧化碳濃度急升至四百ppm以上的部分原因。但以這種方式發展的國家並非只有中國。如果你檢視巴西和土耳其這些年的擴張，會發現它們因應二〇〇七至二〇〇八年的崩潰做了類似的事，對溫室氣體排放產生了類似的影響。

此事的首要涵義，是我們不能只討論如何限制溫室氣體的增加速度，還必須認識到既有規模的重要性。我們必須思考如何盡可能吸走大氣中的二氧化碳。海洋吸收二氧化碳，貝類將二氧化碳轉化為貝殼，是吸走二氧化碳的一種自然方式。但我們必須想出利用農業吸碳的方法。當代問題的根源，在於我們為了能源挖出遠古時期形成的化石燃料，而使用這些燃料的結果就是釋出原本埋在地下的碳。如果我們要回到三百ppm的世界，我們必須將因為使用化石燃料釋出的碳放回地下。這些碳最初由植物埋在地下，某程度上也借助甲殼綱動物。我們為了能源從地下挖出這些燃料，將當中的碳釋放到大氣中。我們現在必須認真討論如何將大氣中的二氧化碳濃度從四百降至三百ppm，而唯一的辦法是設法從大氣中吸走二氧化碳，把碳放回地下。

重新造林是方法之一，但這僅限於新生林。廣泛造林可降低大氣中的二氧化碳含量。不少國家有造林計畫，而北半球的森林覆蓋率已有淨成長。最大的問題地區是亞馬遜、蘇門答臘、婆羅洲和非洲的熱帶雨林，它們全都受到令人難以置信的侵襲。亞馬遜地區和東南亞的森林正可悲地繼續加速消失。波索納洛在巴西掌權一如川普在美國執政，他們都不相信氣候變遷這種「胡說」，因此亞馬遜雨林實際上將受到更大規模的侵襲，因為當局希望毀林種植大豆、養牛，以及做其他事。因此，有關保護熱帶雨林和重新造林的鬥爭是政治行動的一個關鍵領域。

另一種方法是種植某些植物，利用它們吸收二氧化碳，把碳埋回地下。我必須提醒大家，我不是這方面的專家，而且我最近才接觸相關資訊，因此你們可能會想自己去研究一下。如果碳只是埋在地下六吋處，則種植時翻土深一些，就可能又把碳釋出來。農業技術將必須有根本的改變。但也有一些作物可以把碳埋到地下六呎處，因為它們有一種深根系統，可以把碳埋到深處。如果我們可以大量種植這種作物，我們就可以啟動一個從大氣中吸收二氧化碳並把碳埋回地下的過程。

這是一種非常重要的可能。但我們如何促使農民去做這件事？我們必須為此付出什麼？這對農業將有什麼影響？在此我們可以看到一些希望。在歐盟和美國，政府有一些計畫補貼農民，要求他們不種任何東西，因為農業產出過剩。這意味著安排一些土地停止生產。那麼，與其付錢給農民、要求他們什麼都不種，為什麼不付錢給他們、要求他們種植那些真的可以吸收二氧化碳並把碳埋回地下的作物？但是，為了將大氣中的二氧化碳濃度從四百ppm降至三百ppm，這種作業必須達到怎樣的規模？我不知道，但這些就是我們必須採用的技術。因此，就溫室氣體問題而言，我們必須認真考慮如何從大氣中大量吸走二氧化碳，把碳放回地下。未來主義式的唯一其他方法，是設計和建造巨型機器，用它們吸碳並把碳埋在地下。

正是這樣，過去八十萬年的二氧化碳濃度圖根本改變了我的世界觀。我原本以為氣候變遷問題利用正常的技術和明智的干預措施即可處理，但因為那個圖，我認識到我們必須根本改變我們所有的思考方式、所有的行為和生活方式，不但必須減少使用化石燃料和降低碳排放速度，還必須開始認真思考如何從大氣中吸走二氧化碳，把碳送回它原本的所在地，也就是地下。

我們必須更認真思考氣候變遷和二氧化碳排放問題，並思考如何控制和遏制碳排放的持續增加，尤其是中國和所有其他新興市場的碳排放。但是，美國、英國或歐洲各國的政府向這些新興市場國家說「你們不應該這麼做」時，這些國家正確也回應道：「你們這麼做了一百年，才發展到現在的程度，為什麼我們就不能也這麼做一百年？」印度、中國、巴西和土耳其的碳排放全都在增加。我們必須找到一種不必增加使用化石燃料、不必排放大量二氧化碳的經濟發展方式。

眼前有一種緊急狀況，我們必須努力思考如何處理，並在我們的經濟和政治實踐中付諸實行。但必須注意的是，這一切背後的大問題是資本積累。畢竟中國以那種方式發展，正是拜資本積累的驅動力所賜。如果二〇〇七至二〇〇八年之後，全球資本體制基本上是靠中國和其他新興市場國家積極擴張拯救，而這種擴張導致溫室氣體排放激增，那麼我們的情況就是資本體制的存活取決於這些國家的擴張計畫，而代價是碳排放迅速增加。但現在我堅持認為，大氣中既有的二氧化碳濃度才是問題所在。全球社會必須盡快處理這問題，而為此我們必須質疑這一切背後的驅動力，也就是無止境和複合式的資本積累。

第十五章　剩餘價值率和剩餘價值量

我教授馬克思的《資本論》第一卷時，第一章向我們介紹價值的概念。馬克思說，價值是社會必要勞動時間（socially necessary labor time）。此時總是會有學生跳出來說：「如果有一家公司不僱用任何勞動力，那是否意味著他們完全不產生價值？」這問題近年變得越來越重要，因為人工智慧看來即將接管人類大量的勞動活動。這是個非常合理的問題，而它的答案耐人尋味，我想花點時間思考一下。

在《資本論》第一卷後面一章中，馬克思檢視剩餘價值率與剩餘價值量的關係。他問道：資本家比較在乎剩餘價值量還是剩餘價值率？（剩餘價值率是資本家獲得剩餘價值的速度。）許多熟悉馬克思理論的人因為知道馬克思在《資本論》第三卷中強調利潤率下降的問題，傾向認為資本家最重視剩餘價值率。但《資本論》第一卷主要關注剩餘價值量，因為是剩餘價值量賦予資本家權力。提高剩餘價值率只是被視為增加剩餘價值量的一種手段。

馬克思在那一章指出另一個矛盾。我想在這裡為大家轉述，因為我認為馬克思非常清楚意識到，社會必要勞動時間取決於技術的性質和勞動過程的性質。他在這一章最後部分指出，不同的資本創造的價值和剩餘價值量如何因為它們僱用的勞動力不同而各有不同。由此可見這當中有矛盾。他寫道：「每個人都知道，紡紗廠主動用大量資本和僱用很少勞動力，麵包房老闆利用的勞動力多得多而動用的生產資料很少，但前者獲得的利潤或剩餘價值並不因此就比後者少。要解決這個表面上的矛盾，還需要許多中項（intermediate terms）。」你看到馬克思說這種話，就知道可以在他大量著作的某處找到解方，而如果找不到解方，也可以找到他對該矛盾的解說。

我們也知道，馬克思寫《資本論》第一卷時，已經做了很多筆記，它們後來成為《資本論》第三卷的基礎。所以我們可以立即去看他在第三卷怎麼說。答案在關於利潤率平均化的那一章。資本家在市場中經營時，關心的是利潤率，而不是剩餘價值率（剩餘價值率衡量的是在生產中對活勞動的剝削）。由於資本家在利潤率上相互競爭，長遠而言會出現利潤率趨同的趨勢，產生一個所有公司適用的利潤率，無論它們是否僱用大量勞動力。

若是這樣，實際上發生的就是價值從那些從事勞力密集活動的公司、地區和社會階層轉移到那些採用資本密集生產方式的公司、地區和社會階層。換句話說，價值從勞力密集生產方式轉移到資本密集的生產形式。這有時被稱為一種「資本共產主義」（capitalist communism），其規則是：「每個資本家根據他僱用的勞動力做出貢獻，好處由每個資本家根據他拿出來的資本分享。」補貼從勞力密集的生產形式和勞力密集的經濟體流向資本密集的公司和經濟體。這種價值轉移經由市場中的利潤率競爭發生。這是完全競爭市場的一個結果，也是馬克思最重要的發現之一。

一些有趣的問題由此產生：例如你若是決策者，必須決定國家工業化的方向，你想要勞力密集還是資本密集的工業化？答案是你若選擇勞力密集的形式，你將會轉移價值給資本密集的形式。明智的決策者會說：我不想藉由勞力密集型產業實現工業化。我認為新加坡就是很好的例子。新加坡在一九六〇年代初被逐出馬來西亞聯邦時，必須釐清自己要做什麼和選擇怎樣的工業策略。新加坡當時決定走資本密集的路，不從事香港和其他地方投入的勞力密集活動。這就是他們所做的。新加坡是個很好的例子，說明了從事資本密集生產方式的優勢。這解釋了為什麼藉由勞力密集型工業化進入世界市場的許多經濟體要麼一直貧窮（例如孟加拉），要麼致力向資本密集的經濟形式轉型（例如日本、韓國、臺灣和現在的中國）。

這種轉移和隨之而來的補貼是需要研究的。藉由利潤率平均化，價值從勞力密集的經濟體和企業轉移至資本密集的經濟體和企業。這種轉移是持久的，因此有助解釋為什麼低生產力的經濟體如果必須與高生產力的經濟體競爭，最終將補貼比較資本密集的經濟體。例如希臘加入歐盟時，相對於擁有資本密集型經濟體的德國，希臘經濟是勞力密集和低生產力的。結果是希臘補貼德國。這對德國人來說會是巨大的衝擊，因為德國人普遍認為他們借錢給貧窮的希臘人，是因為希臘人懶惰、無所事事，而且文化落後。事實不然，希臘的問題在於他們有個低生產力的勞動體制。這意味著無論希臘人如何努力工作，他們創造的大部分價值將被傾向使利潤率平均化的自由市場機制轉移到德國。自由貿易根本不是公平貿易。

這就是這種經濟運作的方式，而眼下我們開始看到一些非常重要的事，那就是關於資本密集度的鬥爭，攸關哪些經濟體獲容許成為資本密集型經濟體。我很快就會講這當中的機制，但這裡的基本情況是中國長期以來仰賴勞力密集型經濟，但最近宣布它將邁向一種較為資本密集的經濟。如果中國這麼做，從中國向歐洲和美國的資本密集型經濟體轉移的價值將會減少。眼下川普與中國正就智慧財產權和科技問題展開鬥爭，而科技當然是資本密集度的婢女。美國正試圖阻止技術轉移至中國，而這是為了使中國保持勞力密集的經濟狀態以造福美國。但中國已經無法維持其勞力密集度，部分原因是人口問題（他們面臨勞動力短缺的問題），部分原因則與市場性質有關。

勞力密集的生產方式如今正從中國轉移到柬埔寨、寮國、越南，甚至是孟加拉。在這裡，我認為看一下新加坡和孟加拉的發展軌跡是有用的：前者選擇走資本密集的路，後者則是走勞力密集的路。你可以立即看到，孟加拉經濟很有問題，狀況一點也不好，儘管它因為僱用大量勞動力，產生了大量價值。另一方面，新加坡正獲取大量價值，儘管它沒有僱用很多勞動力。價值正從孟加拉和類似的經濟體轉移至新加坡。目前美國與中國關係緊張，部分原因在於資本轉移。中國的目標是在二〇二五年前轉型為資本密集型經濟體，果真如此當然會成為美國的對手。川普看來是拚命想阻止中國的這種發展。

馬克思主義圈子普遍認為這問題很重要。但麥可・羅伯茲（Michael Roberts）最近在他的網站上抱怨說，馬克思主義經濟學家近來嚴重忽視價值從科技水準較低的貧窮資本主義經濟體轉移至富裕的帝國主義經濟體的問題。那麼，價值從勞力密集的部門和經濟體向資本密集的部門和經濟體轉移，將產生什麼結果？主要是資本密集的地方傾向吸引更多資本流入，資本密集度大大提高。這是瑞典經濟學家繆達爾（Gunnar Myrdal）之前提出的。他指出，在自由貿易和利潤率平均化的情況下，富裕地區藉由一些機制變得更富有，貧窮地區則停滯不前或進一步衰落。繆達爾將這種過程稱為「循環累積因果」（circular and cumulative causation）。它之所以發生，是因為資本無可避免地被吸引到活力充沛的部門、城市和地區，導致活力較弱的部門、城市和地區流失財富、人口、資源、人才和技能。

馬克思甚至更早注意到這種動態。在此我引用他在《資本論》中的話：「貿易便利和隨之而來的資本加速周轉，導致生產中心及其市場加速集中。隨著人口和資本在特定地點以這種方式加速集中，大量資本迅速集中在少數人手裡。」我們在資本主義經濟中面對的是一種吸吮聲，它呼應這樣一種運作：從整個世界榨取價值，匯集到資本密集度很高、技術優勢巨大的地區。大型都會中心（例如紐約、芝加哥和舊金山）強烈傾向吸引所有的人才和資本流入，從而成為資本主義動力和資本主義成長的中心，同時也是個人創造巨大財富的中心（我認為這是當代資本主義經濟正得到的一些評論）。例如在美國，約三分之二的國內生產毛額是最大的十來個都會中心創造的。大都會已經成為資本和人才無法抗拒的磁石。

這過程很有趣，因為古典經濟學家和後來的新古典經濟學家假定完美運作的市場是中立的，而且本質上是平等和公平的，並以此作為他們的立論基礎。但現在你看到的是，如果利潤率平均化，完美運作的市場就變成不公平的市場。換句話說，利潤率平均化破壞了市場體系可以公平的假設。我們甚至可以進一步指出，資本主義體制最不公平的組織方式可能就是利用一種市場體系使利潤率平均化，因為它看似平等和公平但事實不然。這是「沒有什麼比平等對待條件不同者更不平等」的一種典型情況。利潤率平均化導致財富和權力的不均衡地域發展。

那麼，利潤率什麼時候平均化？我們必須從歷史的角度看這問題。馬克思實際上說，利潤率平均化創造出不公平的貿易結構，結果是富裕地區越來越富有而貧窮地區越來越貧窮，富裕國家越來越富有而貧窮國家越來越貧窮。新古典經濟學家認為自由市場是公平貿易，因此會產生平等的結果，但馬克思說不是這樣，自由市場將導致財富和特權高度集中。因此，利潤率平均化正發生的一個標誌，是地區、國家和社會不平等加劇。

馬克思撰寫其著作時，現實中沒有一個很好的系統可以促使利潤率平均化，因為許多商品的運輸成本非常高，此外還有很多關稅和貿易壁壘。在一八六〇年代，利潤率平均化的能力並不強，甚至單一地區之內也是這樣，國際上就更不用說了。但是，通訊和運輸方面的創新使這種能力開始增強——鐵路、蒸汽船和電報面世，意味著世界各地的主要商品至少可以實現價格平均化。倫敦的貿易商可以掌握布宜諾斯艾利斯、奧德薩和芝加哥的小麥價格，運輸和通訊技術的進步因此帶來較為接近利潤率平均化的狀態。但我們後來看到的是，主要國家建構的全球貿易體系並不以利潤率平均化為優先要務。例如在《布雷頓森林協定》下，資本無法輕易地全球流動，因為有資本管制。在這種體制中，美國經濟不是封閉的經濟體，但它是相對封閉的，因為資本進出美國並不容易。

在那個年代，我們可以合理地視美國經濟為一個獨立的經濟體。會有勞工在這個經濟體中為利益而鬥爭，而勞工運動將在這個經濟體中運作。這個經濟體中的生產組織甚至可以具有壟斷性，因此你若閱讀史威吉（Paul Sweezy）和巴蘭（Paul A. Baran）關於壟斷資本主義（monopoly capitalism）的經典文本，會發現他們說底特律是壟斷資本主義很好的一個例子。在這個例子中，三家大公司就決定了產品價格，而且它們互相涉入對方的運作。對史威吉和巴蘭來說，你若想談論壟斷結構，這就是你會使用的典型例子。在一九六〇年代，美國汽車業並未面對來自德國和日本公司的競爭；這種競爭要到一九七〇和一九八〇年代才出現。

勞工在美國內部爭取利益，在英國、法國、德國也是這樣。我們可以談論德國勞工階級、法國勞工階級、英國勞工階級，以及美國勞工階級。這些勞工階級各自在特定地域之內爭取利益，因為拜資本管制制度所賜，他們很大程度上受到保護，不必與世界上其他經濟體的勞工競爭。這種資本管制制度維持到布雷頓森林體系崩潰，也就是一九七一年美元脫離金本位。在此之後，勞工突然發現自己必須與世上所有其他地方的勞工競爭。在此之前，勞工只需要與有組織的外來移民競爭。德國輸入土耳其勞工，法國輸入北非馬格里布勞工，瑞典輸入南斯拉夫和葡萄牙勞工，英國從它曾統治的南亞和西印度群島輸入勞工，美國則在一九六五年開放其移民制度。

在一九六〇年代，勞工的主要問題在於外來移民被用來嘗試破壞勞動法規和勞工的能力。這導致歐洲各國的許多勞工階級運動出現某種反移民情緒，甚至美國某程度上也出現這問題。反移民情緒如今當然又出現了。但在一九七〇年代，資本管制突然廢除，資本可以開始在世界各地自由流動。資本管制壁壘廢除之餘，運輸成本降低，通訊技術進步，資本的流動能力因此變得很強。最後，尤其是在一九八〇年代之後，我們開始看到利潤率平均化變得越來越重要。

因此，我在這裡想說的是，在十九世紀大部分時間裡，直到布雷頓森林體系崩潰，利潤率平均化的歷史條件一直不充分。但是，自一九八〇年代以來，全球化時期的真正標誌是利潤率平均化可以發生，而這意味著在這個時期，從勞力密集型經濟體轉移到資本密集型經濟體的價值很可能大增。換句話說，勞力密集型經濟體與資本密集型經濟體的差別已經突顯出來。因此，它現在已經成為鬥爭的焦點，這場激烈的鬥爭試圖阻止世界上某些地區成為資本密集的地區。這就是美國現在試圖對中國做的事。

為什麼美國對中國想在二〇二五年前成為資本密集型經濟體如此不安？為什麼美國對中國已經接收大量技術移轉如此不滿？為什麼智慧財產權問題會引起如此巨大的鬥爭，導致川普與中國的談判出現難以克服的困難？我們的情況是在歷史上，勞力密集型經濟體與資本密集型經濟體的差別不是那麼重要，雖然馬克思在十九世紀中期撰寫《資本論》時，認為這具有理論上的重要性。但是，當年馬克思視為資本主義經濟在純粹狀態下的一個可能特徵，如今已經真的發生了。這正是我們看到美國與中國就技術問題出現衝突的原因。

第十六章　疏離異化

在左派中，疏離／異化（alienation）這個概念的歷史有點曲折。但我們現在或許有很好的理由希望復興這個概念。我認為它對幫助我們理解政治與經濟的關係大有意義。這個概念的歷史之所以曲折，部分原因在於馬克思早年喜歡談論它，而在他撰寫《一八四四年經濟學哲學手稿》（*Economic and Philosophical Manuscripts of 1844*）時，這個概念對他的思想有重要的影響。但在當時，馬克思對疏離異化的定義是基於這個想法：我們的日常現實與我們這個物種的潛能不一致。當年馬克思對人類抱持一種相當理想主義的看法。這種理想主義支撐他的類存在（species being）概念。他的論點是資本正阻止我們達至我們這個類存在所能達到的完美境界。這是一個理想主義的概念，一個烏托邦的概念，但它在定義勞工階級受資本宰制而產生的疏離異化、失落和分離的主觀感受方面發揮了非常重要的作用。

疏離異化作為一個科學概念並非完全多餘，但其基礎在於這種相當人本主義的概念：人類有一定的潛能，但因為置身於資本家階級掌握權力的市場體系而未能發揮這種潛能。早期著作中的這種理想主義概念甚至對馬克思本人來說也是有問題的。到了一八四〇年代末，他提出了一種不依賴類存在這個理想主義概念的不同詮釋。他越來越仰賴對概念的歷史審視，而這可以反映資本主義下實際存在的關係。馬克思尋求一種較為科學的進路，它與理想主義的疏離異化概念不契合。因為這個原因，馬克思主義歷史中出現從馬克思主義的科學形式中清除疏離異化概念的傾向，這種傾向在一九六〇和一九七〇年代尤其強烈；理論上支持這種傾向的是阿圖塞（Louis Althusser）等人，政治上支持這種傾向的是當時歐洲的共產主義政黨。這種清除緊隨蘇聯當年推廣的共產主義學說。

從一九六〇年代開始，疏離異化的概念在馬克思主義內部被普遍拋棄（佛洛姆〔Erich Fromm〕之類的馬克思人本主義者除外），理由是它不科學，也無法驗證。它不被視為社會主義和共產主義科學該有的一部分。但是，有關馬克思本人在一八四〇年代末放棄了疏離異化概念的說法不大符合以下事實：馬克思在一八五七至五八年撰寫《政治經濟學批判大綱》（*Grundrisse*），疏離異化的概念大舉捲土重來。但這一次它的形式非常不同，產生的作用也非常不同，其含義因此與一八四四年手稿所傳達的非常不同。

在《政治經濟學批判大綱》中，該概念是這樣的：如果我們與屬於我們的東西分離，不再能夠控制它，我們就與它疏離。馬克思認為，一個人與另一個人交易，這行為本身意味著隨著商品被交易出去，它就與原物主疏離了。疏離異化有其專門含義。但這意味著隨著你建立對市場體系如何運作的認識，這種專門含義就有了較廣泛的意義。

在《政治經濟學批判大綱》中，馬克思檢視勞動者如何與勞動過程疏離，而疏離在此的意思是：勞動者受僱於資本，他們生產出商品，但對他們生產出來的商品沒有任何權力，對這些商品含有的價值也沒有任何權利。勞動者提供的勞動力與它的產出疏離。但這是一種技術性疏離，其基礎是勞動者創造的價值屬於資本，商品屬於資本。此外，勞動者也失去對勞動過程本身的控制權。掌握工具和技能的勞動者仍有一定的權力參與決定生產方式，但隨著時間的推移，機器普及應用和工廠制出現，勞動者變成了機器的附屬物，與勞動過程和勞動產出疏離。勞動過程、勞動產出及其價值，全都與勞動者疏離了。這種喪失支撐一種政治主張，它說我們應該創造一種社會，使勞動者能夠奪回對他們所生產的價值和商品的權利。

但被疏離的並非只有勞動者。馬克思認為資本家也遇到類似問題。至少在資產階級的理論中，資本家是法律上的自由個體，獲賦予私有產權，在平等的市場體系中交易。在資本積累的起點，資本家可以「自由選擇」（傅利曼〔Milton Friedman〕會這麼說），享受市場交易帶來的選擇自由和平等待遇。馬克思同意這個市場體系是以普遍的平等和自由為基礎，他必須解答的問題是：這個體系如何變得不平等和不自由，連資本家也未能倖免？答案是個體並不控制市場體系。事實上，這個體系迫使資本家從事某些類型的活動，無論他們喜歡與否。「競爭的強制法則」支配個別資本家的行為，他們因此沒有選擇的自由。市場約束他們，決定了他們的行為。這是馬克思和亞當・斯密的共同觀點。後者認為市場的無形之手有能力融合所有類型的創業動機和欲望，而個別的動機和欲望對結果無關緊要，因為主宰一切的是市場的無形之手。亞當・斯密簡單地假定市場運作的結果對所有人都有利，馬克思則在《資本論》中提出異議，並決定性地駁倒這個結論。但馬克思和亞當・斯密都認為資本家也與他們的產出疏離。

在《政治經濟學批判大綱》中，馬克思解釋了疏離異化的勞動與疏離異化的資本如何在勞動過程中相遇。這種雙重異化是資本主義生產方式的基礎。異化因此根植於資本主義制度中。異化概念捲土重來，成為建立資本批判理論的一個關鍵科學概念。雖然阿圖塞提出了富影響力的說法，認為馬克思在一八四八年拋棄異化的概念是經歷了認識論上的斷裂，但馬克思在一八五八年重新提出這個概念，這似乎告訴我們，這個概念能以某種方式幫助我們理解政治經濟學。不過，一八五八年的異化概念與馬克思一八四四年提出的異化概念截然不同。

馬克思在《資本論》關於工作日的那一章中最清楚地說明了這一點。我們在那裡看到，資本家僱用勞動者一段時間，獲得一種可以創造價值的使用價值。勞動者得到與勞動力作為商品的價值等值的交換價值，而資本家延長勞動者的工作時間，以創造支撐利潤的剩餘價值。剩餘價值是被資本據為己有的勞動。這就是勞動者經歷的異化。競爭的強制法則迫使資本家最大限度地剝削他們僱用的勞動力。如果我僱用的工人每天工作六小時，競爭對手付出同樣的工資但他們的工人每天工作八小時，我將很快無法在這個行業立足。所有資本家很快就會盡可能延長勞工的工作時間，以求在競爭中壓倒對手。個別資本家之間的這種競爭迫使資本家最大限度地延長勞工的工作時間（無論個別資本家是好人還是壞人），除非有某種機制阻止他們這麼做。這種機制就是國家立法限制勞工的工作時間。如果法律規定勞工每天工作十小時或八小時，或每週工作四十小時，勞動過程中勞動與資本雙重異化所造成的勞動剝削就會受到限制。

但我們可以進一步探討異化問題，詢問勞動者從勞動過程和他們生產的商品得到多大程度的滿足。如此一來，我們就回到馬克思在一八四四年提出討論的事情的主觀面。資本受抽象概念支配。統治階級的統治思想若主宰一切，就不會有批判的餘地。這忽略了勞工的主觀性，他們覺得自己被剝削，所做的工作得不到賞識或尊重。疏離異化的主觀感受回來了。就業條件使勞動者感到疏離，因為他們所做的工作沒有得到足夠的報酬，對生產過程完全沒有控制權，因為生產過程是利用機器從外部遙控的。勞工的時間被資本異化了，因為時間安排是由勞動過程中的工作條件決定的。在所有這些方面，異化的條件可說是潛伏在任何勞動力中，在政治上很可能藉由勞工的反抗和對自身主觀條件的階級意識日強表現出來。《經濟學哲學手稿》闡述的疏離異化的主觀性此時又再出現，但不再是相對於我們所能達到的完美境界的疏離異化，而是每天工作但報酬微薄這種日常辛勞造成的疏離異化。未能得到尊重和無法保住尊嚴是最殘酷的打擊。勞動條件因此很可能引起強烈的疏離異化的政治感受。猛烈的反資本主義不滿情緒興起，要求我們在我們的思考和政治中重燃和復興疏離異化的概念。

疏離異化有重大的主觀後果。勞動力若有疏離異化的感受，它就很難強烈支持勞動並發揮很強的生產力。異化的主觀條件在勞動過程與勞動可能產生的自豪感之間製造出距離。這並不意味著勞工不可能獲得任何滿足感。勞動過程可以由勞工自己組織設計，使工作變得有趣，並帶有個人價值感。勞工經常展現對自身工作的自豪感。你會發現資本體制下受僱的某些勞動力得到某程度的滿足感，而且資本家也想出一些策略，在勞動力內部或在工人與管工和資本家之間發展某些社會關係，作為對疏離異化感的補償，試圖藉此促進所謂的「X效率」。例如在一九七〇年代，汽車製造業者就設立「品管圈」（quality circles），召集工人來自行決定他們的工作安排。工作小組之間的友好競爭使工作場所充滿活力。在這種情況下，儘管根本的客觀異化仍然存在，主觀條件可能減輕勞工的疏離異化感。

但是，人們普遍對資本主義下的勞動過程深感不滿。一些調查顯示，大約百分之五十或百分之七十的美國勞工對自己的工作沒興趣，又或者不在乎或甚至討厭自己的工作。這符合資本主義勞動過程的本質，因為資本家並不比勞動者享有更多選擇的自由。隨著機械化和自動化的勞動過程變得普遍，勞工普遍沒有真正要求發揮創造力或有趣的工作可做。機械化和自動化的勞動過程最有利可圖，資本家因此被迫採用。在我看來，隨著汽車業者之間的競爭白熱化，一九七〇和一九八〇年代興起的那些品管圈在一九八〇年代消失，絕不是偶然的事。資本並不是自由地選擇它應該採用的技術，也不是自由地選擇它強加給勞動力的勞動條件。

當然，除此之外，我們也必須認識到其他因素的影響，包括出現新的勞動分工方式、許多藍領工作消失了，以及出現許多相當無意義的服務和警衛之類的工作——這些工作沒有實質內容，也無法帶給勞工物質滿足。隨著勞動過程受自動化影響，近年又受人工智慧技術影響，可以帶給勞工一定滿足感的工作結構越來越不可能出現。事實上，如今社會上的勞動大致可分兩類：一類是比較有挑戰性的腦力勞動，一類是藍領體力勞動和許多服務業（如銀行業）的例行勞動。

我們必須仔細檢視當代勞動狀況。疏離異化的情況有多嚴重？現行就業結構和工作越來越不穩定的問題，是否使勞工普遍產生疏離異化感，而且問題越來越嚴重？相對於許多年前，人們對勞動過程的滿意度是否降低了？我們是否將提出這種主張：社會主義經濟將盡可能減少異化的勞動，把異化的勞動變成人工智慧可以完全接手的自動化程序，使我們不再需要有人去做無聊的例行公事，使人人都有時間去做自己想做的事？社會主義社會的一個重要標誌，是人人都有大量閒暇，因為人們已經從欲求和需求中解放出來，發現自己可以生活在馬克思所講的自由領域。馬克思說「自由領域始於滿足了基本需求」，這意味著我們若能滿足所有基本需求，盡可能將異化的勞動自動化，把異化的勞動縮減至每週數小時，我們就有很多時間以自己喜歡的方式去做自己想做的事。

在《政治經濟學批判大綱》中，勞動過程中的疏離異化以這種方式回到馬克思的論證中。雖然異化一詞不常出現在馬克思的《資本論》中，但異化的事實無處不在。馬克思關注勞工如何淪為機器的附屬物，如何從控制生產資料變成被生產資料控制。馬克思也談到勞動安排涉及的異化，也就是勞動過程的決策涉及的異化。他實際上不明言地復興了他在《經濟學哲學手稿》中所訴諸的範疇。他強調勞動者如何無法控制他們所創造但屬於資本的價值和商品，以及勞動者如何無法控制勞動過程。這當中的異化相當重要，而除此之外還有與自然的異化關係。在與自然的代謝關係中，開發主義（extractivism）正加速發展。不受約束的資本摧毀其自身財富的兩個主要來源：勞動者和土地。

《經濟學哲學手稿》闡述的所有異化形式都可以在《資本論》中找到，但它們現在被嵌入對資本積累的科學理解中。勞動者和資本家都被異化了，受一些抽象概念和資本的運動規律驅使，而這些東西受統治階級的統治思想崇拜和物化。這是異化故事的一部分，而我們必須認識到，這在現今的世界甚至更重要。這是當前許多不滿情緒的根源。

說到這裡，我已經討論了勞動過程中的異化和這種異化如何藉由分工形式的轉變擴散，無意義工作的興起和異化問題的增加，以及勞資關係緊張和人類加強榨取自然資源如何造成這些問題。從一九六〇和一九七〇年代開始，許多勞工日益意識到他們的疏離異化，因此積極參與應對問題的努力。勞工要求調整勞動過程以減輕異化程度，設立工人車間委員會，建立工人合作社和其他形式的工人組織，以截然不同的方式組織生產。一些馬克思主義者，例如高茲（André Gorz），認為這是一場失敗的鬥爭，應該關注一些正在發生、重要得多的其他事情。一九六八年的運動集中關注年輕人對個人自主自由和社會正義的要求。資本家階級和企業的反應是嘗試滿足這些要求，辦法是圍繞著選擇自由和文化表達自由重新建構消費主義，加強關注年輕世代的需要和欲求。

由此產生了一種或許可稱為「補償型消費主義」（compensatory consumerism）的理論和實踐。這涉及資本與勞工之間的一種浮士德交易，資本對勞工說：「我們知道我們無法創造出符合你們要求的勞動過程，但我們可以做出補償，使你們結束勞動回家時，有豐富的廉價消費品可以享用，從中得到你們渴望的極致幸福。這些消費品將補償你們工作上所受的苦。」由此產生了創造相當富裕的勞工階級的計畫。補償型消費主義的構想變得非常重要，而我們看到的是新形式的消費主義在一九七〇和一九八〇年代大爆發。當中最重要的是，它們並不鼓吹一般意義上的大眾消費。當中很多是小眾消費。資本實際上回應小眾消費市場的需求，有時還創造這種市場。這導致社會碎片化，而且藉由利用和在某些方面塑造認同政治（identity politics）與文化戰爭，促進了生活方式的差異化，也助長了不同類型的文化表達和性傾向之類。

補償型消費主義被企業視為解決工作場所出現的疏離異化問題的一種方法。但補償型消費主義有一些問題。首先，它要求消費者有足夠的有效需求，有足夠的錢，因此可以到商店裡購買自己想要的一切。資本家對此的反應未必是提高工資，他們更重視降低消費品的成本。在工資停滯的情況下，因為消費品（當中很多是中國生產的）的成本普遍降低，這些工資可以買到越來越多東西。即使工資停滯不前，勞工階級的物質福祉仍可改善。之所以如此，也與大量女性加入勞動市場有關；她們這麼做，一方面是受消費主義誘惑，另一方面是因為節省勞力的家務技術和服務普及。在這種情況下，即使個人工資停滯，家庭收入仍可提高。但補償型消費主義發展到某個程度，是否真的有效並不清楚。

我們審視資本運作的消費面，會看到資本改變人們的需求和欲求，以創造「理性消費」所需要的那種市場；這裡的所謂理性，是站在資本的立場而言。但補償型消費主義效果不佳，原因有幾個。首先，在一九八〇年代，富裕的勞工階級因為自動化技術的應用和高科技製造業興起而受打擊。一九八〇年代初人們常提到的「富裕勞工」逐漸遭受打擊，工會的力量因為各種原因而削弱——一方面是政治上受打壓，另一方面是自動化技術取代工廠勞工，導致製造業需要的工人越來越少。大部分人口的購買力萎縮，使他們難以真正投入補償型消費。至於可以投入補償型消費的人，則開始對他們可以購買的商品的性質感到失望。

銷售方面有一段有趣的歷史。我記得左拉（Émile Zola）有本小說談到第二帝國時期巴黎的新百貨公司。巴黎警察廳長問店主：「你是怎麼賺到這麼多錢的？」答案是：吸引女性成為消費者，然後男人就必須付錢。這是利用性別角色促進消費的方法。每次我去百貨公司，總是想到這一點，因為幾乎所有百貨公司一進入必然先看到香水、手提包和其他女性商品。你必須上到四樓才能找到男性的東西。所以「吸引女性消費」至今仍很重要。但是從一九四五年以來，「吸引孩子消費」就一直是另一個重要策略。這種消費主義已經變得更惡性剝削，而且也以它的方式導致疏離異化。

補償型消費主義帶給人們多大的滿足感？首先，很多商品相當劣質，很容易壞掉。這是資本樂見的，因為資本不希望商品可以用很久，以免市場容易飽和。補償型消費主義意味著每天創造新時尚（如果做得到的話），以及生產各種不耐用的商品。消費市場因此日新月異，而這可能令人疲累和沮喪。此外，許多家務技術本應幫助使用者省時省力，但實際上根本不是這樣。

這使我想起《資本論》中的一個有趣段落，馬克思提到彌爾（John Stuart Mill）的困惑：為什麼新的工廠技術沒有減輕勞動負擔，反而使勞動者的命運變得更悲慘？馬克思說，當然是這樣，因為新技術的目的不是減輕勞動負擔，而是提高對勞動力的剝削率。我對許多新的家用技術也有同樣的感覺。每一個家庭都必須有冰箱、洗碗機、洗衣機、電視、用來玩電子遊戲的電腦、手機，以及許多其他東西。這吸收了資本主義經濟中產生的大部分過剩生產能力。但這些家用商品和耐用消費品的作用，是創造和擴大盡可能快速更新的新市場。多數產品無法用很久。我們每三年或四年就需要一台新電腦，每兩年就需要一部新手機。

如今消費的周轉速度很快，資本甚至開始培養近乎即時和非排他性的消費形式。大量資本投入生產相關商品，例如製作Netflix影集——Netflix影集可以成為許多人的即時消費標的，而且是非排他性的：我看一部影集並不妨礙其他人也看它。消費主義的形式開始改變。你不再致力生產滿足特定需求、非常耐用的東西，例如刀叉碗盤之類的東西，而是創造出一個製造奇觀的巨大產業。我突然發現新發行的電影非常多，當中大部分我完全沒聽說過，但它們吸收了大量資本投入製作；這真是太有趣了。這種投資支撐一個即時或非常短期的消費市場。你花一個小時看一集Netflix電視劇，這就是你的消費，然後你接著看下一集。追劇消費正盛行。真人秀節目大行其道，甚至使每天的新聞變成一種消費奇觀，導致災難性的政治後果。整個消費世界正在轉變，但這種轉變未必帶給我們更多滿足。補償型消費主義也可能導致疏離異化。

例如想想旅遊業的發展：旅遊業現在當然是個巨大的產業，吸引了大量資本投入。現在的旅遊消費通常是遊客到訪某地，一天內消費當地景觀，然後再去下一個地方消費當地景觀。這是一種特別有趣的即時消費形式。但旅遊業如今正產生越來越多各種負面影響。例如你可能想去某個平靜祥和的地方，結果發現當地有成千上萬遊客到處亂竄。現在有很多消費場所因為遊客太多而使人無法享受。我最近去過佛羅倫斯，結果迫不及待想離開。當地的素質無疑已經被過度的旅遊發展扼殺。有些城市現在正試圖控制旅遊業。例如巴塞隆納就受旅遊產業過度發展困擾。他們正嘗試減少Airbnb和飯店建設，因為當地的特色開始衰減，結果是遊客越來越不滿意，而當地居民也無法忍受。誰會想去一個看起來很美的地方，結果發現當地有大量遊客到處亂竄，大家都吃熱狗漢堡和喝可口可樂？

這些消費方式曾經似乎提供了一些補償，但現在已經不再令人滿意。結果是補償型消費普遍異化。我們生活的兩個基本要素，也就是我們在居住地的日常生活和我們從事的日常工作，提供的有意義的滿足越來越少，即使奇特的可能性不斷增加。這種普遍的不滿顯示，我們社會的發展方向是有問題的。如果你問「我們的社會是朝著好的方向還是壞的方向發展」，多數人會說是壞的方向。有什麼制度可以保護我們？它們在哪裡？一如勞工的工作時間可以得到規管，我們是否能以某種方式控制現在主宰社會的不受約束的生產和消費形式？

事情的政治面已經進一步惡化，這正是為什麼我認為疏離異化的問題變得越來越重要。如果許多人對他們的日常生活、潛在樂趣和工作感到疏離，他們就很可能針對自己的不滿尋求制度、政治或其他方面的出路。宗教興起，尤其是基督教福音派和伊斯蘭激進教派興起，就是對日常生活和日常工作缺乏意義的一種回應。當然，除此之外，人們對政治過程有巨大的不滿；在這種政治過程中，統治階級的統治思想只重視市場和資本的運作效率，我們對環境和重要文化事物的責任則被視為無關緊要。

於是出現了許多方面的疏離異化，包括對勞動過程的疏離，對當代消費主義的普遍疏離，對政治過程的疏離，以及對傳統上幫助我們處理問題和賦予生活意義的許多制度的疏離。這一切構成一種可怕的組合。如果許多疏離異化的人無所事事，心懷不滿，處於一種退出社會過程的被動攻擊（passive-aggressive）狀態，因為一切看似無意義而無法關心任何事情，情況就相當危險。在充斥著多重異化的世界裡，隱藏的憤怒變得明顯，一點火花就能觸發暴亂，產生大量的無組織暴力。

疏離異化的人相當脆弱，容易受突然和不可預料的動員影響。誰該為整體的抑鬱不安負責的問題在此突顯出來。資本藉由控制媒體控制統治思想，它會確保沒有人把問題歸咎於資本。人們尋找怪罪的對象，例如外來移民、懶惰的人、不像我（或你）的人、違反道德準則的人，以及宗教觀與我們不同的人。這通常導致某程度的政治不穩定，甚至引起暴力對抗。這就是我們現在看到的世界各地出現的情況，而威權政客紛紛冒出頭來，突然抓住大眾的憤怒。這些往往富魅力的新領袖似乎說：「把你們的憤怒交給我，我將引導它，帶你們找到問題的根源。」外來移民、少數族群、有色人種、女性主義者、社會主義者、世俗主義者都被當成代罪羔羊。簡而言之，我們得到如今相當氾濫的這種政治運作。我知道這麼描述我們的當前狀況實在過度簡化，但我認為這種粗糙有其優點。所有的人事物都可以怪罪，就是不能怪罪資本，它是我們這個社會宇宙的聖神。但是，資本在積累和持續的指數型成長方面已經去到一種極限狀態，而社會不平等急速加劇、債務負擔加重、越來越多人為了賺錢謀生淪為奴工，以及環境條件迅速惡化等問題也已經非常嚴重。人們利用淺薄的補償型消費和空洞的包容姿態撐住自己的能力正急跌。挫敗是多方面的。疏離異化的概念必須重新納入政治對話中。少了這個概念，我們就無法理解目前政治上發生的事。所有人基本上都已經陷入他們的疏離異化狀態。

許多人被迫放棄原本的生活方式，吸毒、酗酒、鴉片類藥物成癮之類的問題隨之而來。在世界各地許多地方，甚至是英國和美國許多地方，人們的預期壽命正在降低。

感受到疏離異化、覺得自己被拋棄和被忽視的人普遍抑鬱不安。他們覺得自己什麼都做不了，只能追隨某個釋放和引導他們的憤怒的魅力型領袖，為他歡呼喝采。我們正看到世界各地出現極右民粹運動。例如巴西的情況就是災難性的，而問題並非僅在於波索納洛。巴西社會已經斷然向右移動，如今正利用這些情況，試圖在新法西斯威權政治的基礎上重新建立資本的權力。我們看到匈牙利和波蘭出現同樣情況，我們看到德國和法國出現這種姿態，我們看到印度的莫迪、土耳其的艾爾段、埃及的塞西（Al-Jamaliyah），以及菲律賓的杜特蒂。

各種災難性的政治形式正在出現。我們必須審視它們所根植的經濟與政治條件。我們必須從根源上鏟除造成威脅的右翼政治運動。但這要求我們建立另一種政治經濟學，以闡明問題的根源。不過，如果沒有根本的變革，如果不制止霸權主義的社會過程及其支配性的相關心智概念，我們將墜入法西斯威權主義的深淵。悲劇性的結果是有可能發生的。雖然我們的當前處境是許多因素造成的，但如果不徹底探討目前籠罩我們的異化結構，我們就不可能擺脫目前的困境。

第十七章　工作上的疏離異化：關廠的政治因素

最近我在芝加哥與藝術家拉托亞・露比・弗拉澤（LaToya Ruby Frazier）度過了一個非常有意思的週末。她從事攝影藝術已經有一段時間，在文化界很有名氣。她之前決定調查並記錄通用汽車關掉該公司位於俄亥俄州洛茲敦（Lordstown）的工廠如何影響當地工人。關廠的消息是在二〇一八年感恩節與聖誕節之間宣布的。這有點令人意外和震驚，因為在洛茲敦廠許多工人看來，通用汽車公司境況非常好。該公司利潤率很高，而且資源充裕，但卻要關掉生產通用汽車小型車款雪佛蘭科魯茲的洛茲敦工廠。拉托亞決定前往洛茲敦，以了解關廠如何影響該廠工人和他們的家庭。

當然，她到達洛茲敦後發現通用汽車不歡迎她。他們試圖阻止她進入工廠，甚至說了一些話恫嚇她。拉托亞因此被迫在廠外工作，這使她的作品別有特色，因為她不但接觸個別的通用汽車工人，還走進他們家裡認識他們的家人。這些家庭將受到嚴重影響。通用汽車宣布關廠決定時，承諾安排受影響的員工轉到集團內部其他地方工作。但沒有人知道自己到底會被調到哪裡。因此接下來是一段寂靜期。但隨後員工收到一封信，通知他們有四天時間決定是否願意調到某個地方工作，還是決定不再受僱於通用汽車，而在後一種情況下，他們將失去通用汽車的員工福利。他們有四天時間做決定，如果接受調職則有三個星期時間搬到新地點。想像一下，如果一個家庭裡爸爸或媽媽在洛茲敦廠工作，這對他們意味著什麼。這個家庭將受到極大的影響：是否全家人都搬走？還是只有爸爸或媽媽搬走？要搬到多遠的地方？

是六百哩外，還是一千哩外？

這產生了相當嚴酷的影響，拉托亞見證了工人家庭的痛苦決策過程，記錄了這些家庭經歷的煎熬，以及家中幼兒受到的衝擊（他們可能突然面對這樣的事實：爸爸或媽媽將去另一個地方工作，大概每三個星期才能見一次面）。至於舉家搬遷的人，他們所有的社會關係和支援網絡都將被擾亂。因為必須快速做出如此重大的決定，許多人受到傷害，而拉托亞的影像論文（photographic essay）闡明了這種創傷。但拉托亞並非只是想交給我們一篇影像論文。她還藉由一系列的訪問，讓受影響的家庭說明他們的應對方式，談論通用汽車公司的冷酷做法，以及他們對整個事件的感受。

通用汽車的洛茲敦工廠建立於一九六〇年代末，被吹捧為產業勞動關係的特殊實驗。在一九六〇年代，許多人非常重視創造一種對工人友善的勞動過程。企業界嘗試安排工人參與更多勞動過程中的決策。洛茲敦廠建立時，管理文獻相當強調所謂的「X效率」。其觀念是相對於疏離異化程度嚴重、不在乎自己是否參與生產決策的勞動隊伍，疏離異化程度較輕的勞動隊伍效率高得多，能力也強得多。當時一些汽車公司嘗試創造一種新的勞動關係結構，強調工人的服從和合作，而不是只求壓制和支配工人（後者是資本主義工廠勞動過程從一開始的常態）。

這之所以可能，是拜一九六〇年代美國汽車業的特殊狀況所賜。當時美國汽車業已經整合出通用汽車、福特和克萊斯勒三巨頭。當時的文獻將這種情況描述為壟斷資本的一種典型形式。嚴格來說，底特律三巨頭不是一種壟斷，而是一種寡頭壟斷，也就是數家公司主宰市場；它們實行價格領導模式（price leadership），而且普遍被視為在美國經濟中居主導地位。當時沒有外國汽車公司在美國挑戰三巨頭的地位：沒有豐田，沒有福斯，也沒有寶馬之類。在當時的文獻中，如果你看史威吉和巴蘭的論文〈壟斷資本〉（Monopoly Capital），會發現底特律汽車公司被視為壟斷資本實際運作方式的好例子，而它們的主要手段是價格合作（price collaboration）、價格領導和統一定價（price fixing）。這些汽車公司因此有一定的餘地與工會談判。

隨著汽車工人工會在一九五〇和一九六〇年代變得強大，出現了所謂的「小組談判」（panel bargaining）過程。汽車工人選一家汽車公司提出要求：「好吧，我們來重新談判僱用合約，加入一些東西，例如生活成本條款，確保工資將因應生活成本上升而調漲。」如果汽車工人順利與福特簽訂新合約，他們會去找其他汽車公司，對它們說：「嘿，這是福特同意的新合約，我們希望你們也做大致相同的事。」其他汽車公司會仿效，但不會完全照跟，以免違反反壟斷法，以便可以宣稱他們與同業是有競爭的。但三巨頭之間實際上沒有很多競爭，汽車工人可以期望獲得合理有利和適宜的合約。我說的「合理有利」（reasonably favorable）受很多條件限制，因為勞資雙方就車間條件、工資率、少數族群就業等問題總是有很多鬥爭，而且汽車工人內部也有強大的運動。例如底特律革命工會運動，以及後來的革命黑人工人聯盟，就曾提出汽車業者當時不可能做到的要求。

在一九六〇年代，企業有興趣試著與工人合作，讓工人參與決策，管理上不再僅訴諸強制手段，還希望工人同意工作安排。但這種同意涉及工人控制勞動過程的某些方面，例如工作任務的分配。站在資本的立場，通用汽車的洛茲敦廠代表一種創新的勞動過程，強調工人同意工作安排。洛茲敦廠的勞工與雇主的關係相當特別，它因此成為通用汽車的一個特殊分支。有趣的是，因為一個非常有趣的原因，洛茲敦實驗似乎未能達到其直接目標。相關證據顯示，汽車業者的想法是正確的，也就是一旦工人參與勞動過程的設計和工作分配，他們投入工作的程度就很可能大幅提高，工作效率因此大幅提升，而且他們會為自己的處境和產品感到自豪。勞動者的疏離異化程度減輕了。但這也意味著工人參與決定他們自己的工作條件，而一旦開始參與，他們就想決定更多事情。洛茲敦成為工人激進鬥爭的中心，恰恰是因為當地工人意識進步，而且參與了管理決策。工人意識到誰掌握權力，而且一旦覺得自己獲賦予一些權力，他們就開始進一步思考這種賦權的涵義。因此，本應是勞資合作典範的洛茲敦廠變成了激進鬥爭的場所。

拉托亞發現，洛茲敦廠員工一直保持他們的自豪傳統：既為生產過程自豪，也為身為這間工廠的一員自豪。正因如此，關廠對他們造成雙重衝擊。事情並非只是關掉一間工廠，而是一種生活方式和生存方式突然受到挑戰。關廠在每一個層面都造成創傷，破壞了家庭生活和社會關係。工人不再能夠參與他們引以為榮的生產過程，而且因為他們對自己卓越的工作和產品感到自豪，他們更加難以接受關廠的事實。有趣的是，關廠某程度上是拜川普經濟政策不連貫所賜。川普曾經承諾幫助製造業藍領工人。但是，洛茲敦廠之前可以維持運作的原因之一，是美國有法規阻止主要汽車業者集中生產比較賺錢的運動型休旅車（SUV），它們因此必須也生產較為環保但比較不賺錢的小型車。

通用汽車因此按照法規要求，在洛茲敦廠生產其小型車款科魯茲。但因為川普廢除了上述法規，通用汽車可以停止生產小型車。川普因為強烈反環保而解除管制，廢除了保護洛茲敦廠員工飯碗的法規。因此，洛茲敦廠員工失業某程度上是川普造成的。

這段歷史的另一個重要部分，是底特律三大汽車公司的寡頭壟斷結構在一九六〇年代受到保護，不必與外國同業競爭，因為布雷頓森林國際體系是建立在資本管制的基礎上。這意味著資本不能自由進出美國。當然，這並不是說國際間沒有資本流動，而是說各個民族國家的市場實際上受保護，每個國家內部都可能形成類似壟斷的結構。美國受保護的市場使三大汽車公司有可能支配市場。但是，因為若干原因，當局一九七一年放棄了資本管制制度。美國市場因此對外國資本開放，外國汽車公司得以進入美國，與寡頭壟斷的底特律三巨頭競爭。一九七〇年代末和一九八〇年代初出現了一波巨大的投資潮，日本和德國汽車公司進入美國。底特律的壟斷勢力被打破，尤其是在小型車市場方面，因為日本業者有更好更便宜的產品。

在一九八〇年代，底特律三巨頭面對外國同業的激烈競爭，突然發現自己陷入了經濟困境。底特律放棄了與汽車工人合作的策略，轉為奉行一種比較強制性的策略，這種轉變始於一九七〇和一九八〇年代。但因為洛茲敦廠的勞工具有階級意識和激烈抗爭傳統，在這裡實施比較強制性的策略意味著引起大量鬥爭。一九六〇年代末和一九七〇年代初的勞動關係文獻積極討論汽車業的品管圈，而品管圈這種安排也獲得美國勞工部支持，但到了一九七〇年代末和一九八〇年代初，相關文獻已不提這種東西了。訊息變成了「我們必須把勞工階級放回其盒子裡，我們必須開始建立強制性強得多的勞動制度」。結果是資本把勞動力當成可棄的東西，可以輕易扔到一邊，工廠裡的勞動關係因此發生了真正的轉變。

但後來的二〇〇七至二〇〇八年危機使汽車業者遇到極大的困難。房市危機期間，美國人的消費能力暴跌。七百萬戶家庭失去他們的房子，這意味著他們不會買新車。通用汽車幾乎破產。事實上，嚴格來說它確實破產了，必須接受紓困。通用汽車實際上短暫國有化，由國家接管，由國家救起來。它也靠願意重新談判僱用合約的汽車工人拯救。這是個重要時刻。汽車工人實際上藉由拯救僱用他們的公司保住自己的工作。為此他們只能降低工資要求，並且接受削減福利（醫療和退休金福利）。公司與工會達成協議，結果員工分成了兩個級別。標準合約下相對資深的員工保住他們的優渥待遇，工資率以及更重要的醫療和退休金福利都顯著較佳。通用汽車相對資淺的員工則成為次級人員，工資率和醫療與退休金福利都比較差。結果是同一工廠裡並肩工作的兩個人，雖然做同樣的工作，但僱用條件可能顯著有別。實際上就是資深的老員工留在舊制度中，比較年輕的新員工被迫接受條件差得多的新合約。國家介入和工會讓步的雙重作用使通用汽車逐步擺脫二〇〇七至二〇〇八年的困境，如今已經成為美國最賺錢的公司之一。

洛茲敦廠的工人在與拉托亞的談話中經常說，他們之前為了拯救公司，非常慷慨地放棄了他們辛苦掙到的許多利益，實在無法理解公司為什麼要關掉洛茲敦廠。公司現在非常賺錢，而就在這時候，公司突然改變態度，把員工當成可棄的廢物，而不是曾經為了拯救公司而犧牲自身利益的忠誠員工。此外，只給他們四天時間決定是否接受調職到密蘇里州、明尼蘇達州或其他地方的工廠，似乎特別殘忍。這當中的關鍵是：如果不接受調職，當事人會失去所有福利。想像一下這種最後通牒造成的壓力。如果你原本享有退休金福利，自己和家人也享有醫療福利，但突然間面對這種狀況：如果不接受調職到六百哩或一千哩外的某間工廠，你將失去所有這些福利。你會怎麼做？你如何與家人討論這件事？而且你只有四天時間可以討論和決定。我認為這是絕對不合理的，但你可以從中看到，在工會比較有力量談判的這個產業，勞資關係處於怎樣的狀態，以及這對整體勞動人口可能意味著什麼。有些人無法接受調職安排，他們只能承受後果。這意味著生活水準實質降低，而且經濟上變得比較沒有保障，但是如果接受調職意味著必須拆散家庭，許多人寧願保留他們在社區中的寶貴社會關係。

在我看來，這突顯了資本看待勞動過程的方式存在問題。站在資本的立場，勞動只是一種使用價值，一種生產要素，是可棄的，是可以在一定的環境和法律可能性下取得的。就是這樣而已。而對工人來說，重要的當然是家庭生活和社會關係，重要的是工廠裡面和社區中的事，重要的是一切如何運作和聯繫起來、工會的角色，以及工會成員等等。這問題很重要，因為現在資本主義企業只重視效率和利潤率。其他的一切都不重要。企業對社區生活條件沒有責任，即使通用汽車和汽車工人工會都深刻介入社區生活。

舉個例子：聯合勸募（United Way）是個大型慈善機構，藉由資助大量社區服務、文化活動和社會福利機構，發揮很大的影響力。聯合勸募來自通用汽車員工的捐款非常多，而通用汽車會捐出與員工捐款相同的金額。如果員工捐出十萬美元，通用汽車也會捐出十萬美元。但隨著通用汽車關掉洛茲敦廠，當地的這種捐款將會全部消失。當地社區靠慈善捐贈維繫，而如果當地很多人不再受僱於通用汽車，他們將失去捐款能力。當地的社會結構、社會關係，以及滿足社會和文化需求的能力，都可能因此嚴重受損。

在資本的歷史上，有些公司發展壯大，有些公司倒閉。我們都知道這種情況會發生。我們並不是說企業在任何情況下都不應該關掉工廠。關鍵問題是：你怎麼做？出於什麼原因？在通用汽車的例子中，執行長瑪麗・巴拉（Mary Barra）一直強調通用汽車社群是個大家庭，但這家公司卻在這時候不分青紅皂白地摧毀許多家庭。

但通用汽車眼下有個新方向，那就是電動車。通用汽車表示，未來它想成為一家高科技公司，而不是一家汽車公司。通用汽車正試圖借鑑特斯拉（Tesla）的經驗，投入生產電動車。汽車工業確實面臨一個問題：它造成很多汙染，並且大大助長氣候變遷。我們顯然必須揚棄倚賴汽車和化石燃料的現行生活方式。全球汽車業有大量過剩產能，尤其是生產傳統汽車的能力。這是很不合理的。聖保羅的主要經濟基礎是汽車工業，而當地以交通擁擠和空氣品質惡劣著稱。我們必須有某種規畫，以某種方式重組社會秩序，以便我們擺脫汽車的大規模生產。我並不是認為洛茲敦廠應該無限期運作下去。我們必須承認，到某個時候，我們會希望生活在不是那麼倚賴汽車的社會裡，而這意味著社會的經濟基礎必須改變。但這麼說是一回事，付諸實踐是另一回事：我們必須提出一個十五或二十年的過渡計畫，帶著洛茲敦既有的社會結構和技能，過渡到一種不同的社會秩序。其實也只有一種方法，那就是藉由某種連貫的計畫重新建構汽車工業，使它變成某種不同的東西。有人說我們應該思考如何從生產汽車過渡至以高科技方式生產人工智慧電動車輛系統，我對此不會真的很擔心。我對此沒有意見，而且我認為我們都應該接受這種轉變。洛茲敦關廠事件之所以令人非常反感，是因為企業視工人為可棄的東西，一旦公司需要提高或維持營利能力，就可以將員工棄如敝屣。

此外，此次關廠拋棄了各種社區資源，包括許多公共資源，例如花了很長時間建立的社會關係和社會服務結構。我們必須想出更好的方式完成這些轉變，但這種方式當然是資本幾乎肯定不願意接受的。資本家繼續以同樣的方式運作。通用汽車不認為自己對公司的工人有忠誠義務。它認為自己只對公司股東和最高管理層有義務。為了確保股東享有高股息和最高層享有天價薪酬，它摧毀了一支能夠運作下去的勞動隊伍、一個社區和當地許多社會關係結構，除了一些可怕的可能性什麼也沒留下。洛茲敦所在的俄亥俄州是鴉片類藥物氾濫的地方，而問題的根源是失業、喪失身分認同和意義，以及，沒錯，日益加深的疏離異化。俄亥俄州許多社區正是受此蹂躪。

我們必須想出一些辦法，避免資方完全不與工會協商、完全不與社區組織討論就突然關廠，造成嚴重的社會代價。通用汽車陷入困境時願意與工會對話，但現在很賺錢就不再需要這種對話了。這正是為什麼他們可以把在他們的未來願景裡沒有位置的工人視為可棄的廢物。拉托亞精采的影像論文和她記錄的工人及家屬的評論，突顯了洛茲敦關廠事件製造的不必要悲劇。這種故事應該使每一個人都堅決地以反資本主義作為唯一可選的政治姿態。

第十八章　冠狀病毒瘟疫時期的反資本主義政治

我試著理解和分析每天出現的新聞時，傾向以有關資本主義如何運作的兩個不同但交錯的模型為背景。第一個層面是關於資本流通和積累的內部矛盾，它們源自貨幣價值流經馬克思所講的生產、實現（消費）、分配和再投資等不同「環節」以尋求利潤。這是資本主義經濟作為一種無止境擴張和成長螺旋的模型。這個模型從地緣政治競爭、不均衡的地域發展、金融機構、國家政策、技術重組（technological reconfigurations）和不斷變化的勞動分工和社會關係網絡的角度加以闡述，會變得相當複雜。

不過，我把這個模型置於更廣闊的（家庭和社區中的）社會再生產脈絡中，它與自然（包括城市和人造環境的「第二自然」）和人類群體在時空中創造的各種文化、（基於知識的）科學、宗教和難以預料的社會的形構（formations）處於一種持續和不斷演變的代謝關係。後面這些「環節」包含人類需求和欲望的積極表達，對知識和意義的渴望，以及在不斷變化的制度安排、政治競爭、意識形態對抗、損失、失敗、挫折和疏離異化的背景下，不斷演變的對成就的追求，而這一切都發生在地理、文化、社會和政治的多樣性顯著的世界中。這第二個模型可說是構成我對全球資本主義作為一種獨特社會形構的實際理解，而第一個模型則是關於資本主義經濟引擎內部的矛盾，這個引擎驅動這個社會形構沿著其歷史和地理演化的某些路徑前進。

二〇二〇年一月二十六日，我第一次看到一種冠狀病毒在中國傳播的消息，立即想到全球資本積累動態可能受到的影響。我對經濟模型的研究告訴我，阻礙和擾亂資本的持續流動將導致資產貶值，而如果資產貶值變得廣泛和嚴重，那就意味著危機開始。我也清楚意識到，中國是世界第二大經濟體，在二〇〇七至二〇〇八年的危機中實際上拯救了全球資本主義，因此，中國經濟若受到任何打擊，必將對本已岌岌可危的全球經濟造成嚴重後果。在我看來，現行資本積累模式已經出現很多問題。從聖地牙哥到貝魯特，幾乎所有地方都出現抗議運動，當中很多運動聚焦於這個事實：主宰一切的經濟模式未能有效服務大眾。這種新自由主義模式越來越依賴虛擬資本，以及貨幣供給和債務的驚人擴張。它已經面臨有效需求不足以實現資本所能產生的價值的問題。面對冠狀病毒大流行必將產生的衝擊，這個經濟模式在正當性衰落和健康脆弱的情況下，可以如何承受衝擊並生存下去？答案很大程度上取決於瘟疫的破壞將持續和蔓延多久，因為正如馬克思指出，資產貶值不是因為商品賣不出去，而是因為商品不能及時賣出去。

長期以來，我一直拒絕將「自然」視為獨立於文化、經濟和日常生活以外的東西。有關人類與自然的代謝關係，我持一種比較辯證和關係化的看法。資本改變其自身再生產的環境條件，但也產生非預期後果（例如氣候變遷），而且一些自主和獨立的演化力量一直在重塑環境條件。站在這個角度，世上沒有真正的自然災難。病毒確實一直在突變，但病毒突變危及人命的情況取決於人類的行為。有關這一點，有兩個方面要注意。首先，有利的環境條件會使病毒突變更可能變得活躍。例如我們有理由相信，在潮溼的亞熱帶地區，棲息地的快速轉變和精細或奇特的食物供應系統可能促進病毒突變。這種系統存在於許多地方，包括中國長江以南地區和東南亞。第二，有利於病毒透過宿主快速傳播的條件差異很大。人口稠密看來是個有利條件。例如大家都知道，麻疹流行只發生在較大的城市人口中心，在人煙稀少的地區會迅速消失。人類如何互動、走動、自我約束，以及是否忘記洗手，都影響疾病的傳播。近年來，嚴重急性呼吸道症候群（SARS）、禽流感和豬流感似乎都源自中國或東南亞。過去一年，中國因為豬瘟而受到重大打擊，被迫銷毀大量豬隻，豬肉價格因此飆升。我講這些並不是為了指責中國。在許多其他地方，病毒突變和傳播的環境風險也很高。一九一八年的西班牙流感可能源自堪薩斯，非洲則可能是愛滋病毒的源頭，而且無疑是西尼羅河病毒和伊波拉病毒的源頭，登革熱則似乎盛行於拉丁美洲。但病毒傳播對經濟和人口的衝擊，取決於霸權經濟模式中業已存在的裂縫和弱點。

新型冠狀病毒最初發現於武漢（但是否源自武漢則尚不清楚），對此我不會覺得很意外。當地顯然將受到巨大的衝擊，而因為武漢是重要的生產中心，此事很可能將波及全球經濟（但我不知道影響會有多大）。最大的問題是病毒可能如何傳染和擴散，以及疫情將持續多久（直到出現有效的疫苗）。以前的經驗告訴我們，世界日益全球化的問題之一，是我們幾乎不可能阻止新疾病在國際間快速傳播。我們生活在一個高度連結的世界裡，幾乎人人都旅行。疾病傳播擴散可利用的人類網絡是巨大和開放的。就經濟和人口而言，此次病毒流行可能擾亂世界秩序一年或更久。

雖然最初消息傳出時，全球股市應聲下跌，但令人驚訝的是，在隨後一個月或更長一點的時間裡，市場創下新高。新聞似乎告訴大家，除了中國，所有地方一切如常。人們似乎認為世界將經歷SARS的重演，而當年SARS疫情很快就控制住，對全球的影響也不大，雖然其死亡率很高，而且曾在金融市場造成事後看來不必要的恐慌。新型冠狀病毒出現時，世人的主要反應是將它說成是SARS的翻版，因此不必恐慌。病毒在中國肆虐，當局迅速以冷酷的手段控制其影響，此一事實也導致其他國家錯誤地視問題為「那邊」發生的事，因此眼不見為淨（但世界某些地區出現了一些令人不安的反華仇外跡象）。疫情使原本非常成功的中國經濟成長受挫，甚至使川普政府裡面的一些人幸災樂禍。但是，涉及武漢的全球生產鏈中斷的故事開始流傳。人們基本上忽視這些消息，或認為問題僅限於特定產品線或公司（例如蘋果）。資產貶值是局部和特殊的，不是系統性的。消費需求萎縮的跡象也遭忽視，雖然麥當勞和星巴克等公司在中國有重大業務，必須暫停當地的業務運作。疫情爆發適逢農曆新年，掩飾了整個一月份的疫情衝擊。這種自滿的反應犯了嚴重的錯誤。

病毒在國際間傳播的消息，最初是局部和偶發的，比較受關注的是韓國和伊朗一些地方的嚴重爆發。第一波激烈反應是義大利疫情觸發的。股市從二月中開始崩跌，隨後有些震盪，但到了三月中，全球股票市值已經萎縮近百分之三十。感染病例指數式增加引發一連串反應，而這些反應往往不連貫，有時甚至是驚慌失措的。面對瘟疫導致許多人染病和死亡的威脅，川普總統擺出無能為力的姿態。當局的一些反應相當奇怪。例如面對病毒威脅，聯邦準備理事會降息就顯得古怪，即使人們認識到此舉是為了減輕市場所受的衝擊，不是為了遏止病毒傳播。

幾乎所有地方的公共部門和醫療體系都頓時陷入資源不足的困境。在北美、南美和歐洲，四十年的新自由主義政策使大眾變得非常脆弱，未能做好面對這種公共衛生危機的準備，雖然在此之前，SARS和伊波拉病毒驚嚇就已經提供了大量警告，以及有關我們應該做什麼的有力教訓。在所謂「文明」世界的許多地區，地方政府和區域／國家當局總是構成因應這種公共衛生緊急狀況的第一道防線，但因為政府為了減稅和補貼企業與有錢人而執行緊縮政策，這個第一道防線經費不足。信奉統合主義（corporatism）的大藥廠對無利可圖的傳染病研究幾乎完全沒興趣（例如對一九六〇年代以來廣為人知的整個冠狀病毒類別就是這樣）。大藥廠極少投資在疾病預防上。它們對投資於公共衛生危機的應對準備工作沒什麼興趣。它們喜歡開發治療方法。我們病得越重，大藥廠賺得越多。預防疾病對藥廠的股東價值沒有幫助，甚至可能有害。應用於公共衛生服務的商業模式消除了緊急情況下需要的額外應對能力。疾病預防工作甚至因為不夠吸引人，無法採用公私合夥模式。川普總統之前削減了美國疾病控制和預防中心的預算，並解散了國家安全會議中的流行病工作組，就像他削減所有研究經費那樣（包括氣候變遷方面的研究）。如果我想做擬人化比喻，我會說新型冠狀病毒是大自然對四十多年來不受管制的新自由主義開發主義的粗暴虐待所做的報復。

或許正因如此，至今為止，新自由主義程度最低的國家，例如中國、韓國、臺灣和新加坡，抗疫表現好過義大利，雖然伊朗的情況提供了一個反例。雖然許多證據顯示，當年中國處理SARS表現拙劣，起初一再掩飾和否認問題，但這一次習近平主席指示當局公開疫情和檢測工作的情況，就像韓國那樣。儘管如此，中國還是損失了寶貴的時間（短短數天就有天壤之別）。但在中國，值得注意的是當局將疫情控制在以武漢為中心的湖北省。疫情沒有快速地向北京、向西部或南部擴散。到了三月底，中國宣布湖北已經沒有新病例，而Volvo公司宣布，其汽車生產正恢復正常，儘管中國以外的全球汽車業正在停產。中國當局為了防止病毒擴散至湖北以外的地區，採取全面的措施限制各種活動（這是必要的）。因為政治、經濟和文化方面的原因，這些措施很難照搬到其他地方。來自中國的報導顯示，當局的政策和對待人民的方式一點也不體貼。此外，中國和新加坡運用它們監控個人行為的能力，去到不容分說、侵犯人權的地步。但整體而言，這些措施似乎非常有效，雖然預測模型顯示，如果當局提早幾天展開抗疫行動，許多死亡案例有望避免。這一點很重要：任何指數式成長過程都有一個拐點，一旦越過，規模擴大的情況就會完全失控（我們在此又看到規模相對於變化率的重要性）。川普在抗疫方面浪費了許多個星期的時間，這幾乎肯定將造成重大的人命損失。

在世界各地，這場瘟疫的經濟影響如今正在失控。經由企業的價值鏈和某些產業造成的破壞，證實比人們原本所想的更系統性和重大。長期的影響可能是導致供應鏈縮短或分散，同時轉向勞力密集程度較低的生產方式（對就業有重大影響），以及變得更依賴人工智慧生產系統。生產鏈中斷將導致企業裁員或強迫員工休無薪假，而對原料的需求將導致生產性消費減少。需求面受到的這些影響本身就至少將導致經濟溫和衰退。

但最大的弱點是在其他地方。二〇〇七至二〇〇八年之後爆發的一些消費模式已經崩潰，造成非常嚴重的後果。這些消費模式的基礎是盡可能提高消費的週轉速度。投資湧入這種消費模式，與利用這些快速週轉的消費方式最大限度地吸收指數式增加的資本有極大的關係。國際旅遊業就是此中典型。二〇一〇至二〇一八年間，國際旅行人次從八億增加至十四億。這種即時的「體驗式」消費方式要求我們在機場和航空業、飯店和餐飲業、主題樂園和文化活動等方面進行大規模的基礎建設投資。這個資本積累領域如今死氣沉沉，航空公司瀕臨破產，飯店空空如也，餐旅業的大規模失業問題迫在眉睫。外出就餐不再明智，許多地方的餐廳和酒吧都已關閉，連買外賣都似乎有風險。參與零工經濟或從事其他形式的不穩定工作的大量勞工正失去工作，而且沒有明確的經濟來源。大量活動遭取消，包括文化節、足球和籃球比賽、音樂會、商業和專業會議，甚至是與選舉有關的政治集會。這些「基於事件」的體驗式消費已經無法運作。地方政府的收入崩跌。大學和其他學校也關門。

在當前情況下，當代資本主義消費的尖端模式很大程度上是無法運作的。驅動我們邁向高茲所講的「補償型消費主義」的力量已經減弱（在補償型消費主義中，疏離異化的勞工據稱可以靠陽光海灘度假行程重振精神）。

但當代資本主義經濟有百分之七十或甚至百分之八十仰賴消費。過去四十年裡，消費者的信心和情緒已經成為動員有效需求的關鍵因素，而資本也越來越仰賴需求和需要驅動。這種經濟能量的來源一直不曾劇烈波動（只有少數例外，例如冰島火山爆發導致跨大西洋航班停擺十來天）。但這場冠狀病毒瘟疫並非造成劇烈波動，而是導致對最富裕國家非常重要的消費模式崩潰。在世界各地，螺旋式的無止境資本積累正向內崩塌。唯一能救它的是在政府資助和鼓勵下，憑空創造出熱烈的大眾消費。在美國，這涉及將整個經濟體社會主義化，但並不稱之為社會主義。無論發生什麼事，大眾對政府是否需要擁有廣泛權力的普遍懷疑已經平息，而人們正更廣泛認識到好政府與壞政府的差別。事實證明，政府屈從於債權人和金融業者的利益（就像二〇〇七至二〇〇八年以來那樣）是很不好的事，甚至對金融業者來說也是。

有一種方便的說法聲稱傳染病不理會階級或其他社會壁壘和界限。一如許多此類說法，這話有一定的道理。在十九世紀的霍亂疫情中，傳染病確實超越階級壁壘，結果催生了一場後來專業化的公共衛生和健康運動，持續至今。這場運動是為了保護所有人，抑或只是為了保護上層階級，並非總是很清楚。但在今天，顯著有別的階級和社會效應告訴我們一個不同的故事。經濟和社會影響受隨處可見的「習慣性」歧視左右。首先，在世界大部分地區，料將負責照顧越來越多病人的勞動力往往具有非常顯著的性別、種族和族群特徵，一如機場和其他物流部門常見的基於階級的勞動力。這個「新勞工階級」站在最前線，首當其衝，必須投入染疫風險最高的工作，又或者在沒有資源可以仰賴的情況下，因為疫情造成的經濟衰退而失業。誰可以在家工作、誰不可以，也是一個問題。這使社會界線變得更分明，而在染疫或可能染疫的情況下，誰有能力承受隔離的代價也是這樣。一如我將尼加拉瓜（一九七二年）和墨西哥城（一九八五年）的地震稱為「階級地震」，新型冠狀病毒疫情也呈現階級化、性別化和種族化流行病的所有特徵。雖然當局很方便地以「同舟共濟」之類的辭令宣傳抗疫努力，但實際做法藏著比較險惡的動機，國家政府的做法尤其如此。美國當代勞工階級（主要由黑人、拉美裔和受薪女性構成）面臨可怕的選擇：以照顧病人和維持必要服務（例如超市）的名義投入工作，承受染疫風險，又或者在沒有福利（例如足夠的醫療保險）的情況下失業。受薪人員（例如我）在家工作，一如往常領取工資，企業最高層則乘坐私人飛機和直升機到處飛。

世上多數地方的勞動力早就社會化，表現得像是新自由主義的好臣民（這意味著他們如果遇到困難，會責怪自己或上帝，但從不敢暗示資本主義可能是問題所在）。但即使是新自由主義的好臣民也能看到，當局應對這場瘟疫的方式有問題。

最大的問題是疫情將持續多久？可能超過一年，而疫情持續越久，資產貶值問題將越嚴重（勞動力也將變得比較不值錢）。如果國家不大規模介入，失業率幾乎肯定將升至與一九三〇年代相若的水準，但這種干預必然違背新自由主義的理念。經濟和社會日常生活立即受到的影響是多方面的，但並非全都是壞事。當代消費過度的程度，已經接近馬克思所講的「達到駭人聽聞和荒誕無稽程度的消費過度和瘋狂消費」，而這標誌著整個體系瀕臨覆滅。這種不顧後果的過度消費是環境退化的主要原因。大量航班取消，加上交通和行動大受限制，已經使溫室氣體排放有所減少。武漢的空氣品質大有改善，美國許多城市也是這樣。生態旅遊點之前大受踐踏，將有時間復元。天鵝已經回到了威尼斯的運河裡。經此一疫，人們如果對不顧後果和無意義的過度消費變得沒那麼有興趣，我們或許可以得到一些長期的好處。少一些人死在聖母峰上，或許是好事。此外，雖然沒有人大聲說出來，但病毒對不同年齡組的影響顯著有別，可能因此對社會保障負擔和照護行業的未來產生長期影響。日常生活步伐將放慢，這對某些人是大好事。如果緊急狀況持續夠久，社交距離規則可能改變文化。幾乎肯定得益的唯一一種體驗式消費是我所講的「Netflix經濟」，它迎合追劇者的需求。

經濟方面的反應受二〇〇七至二〇〇八年危機的應對方式制約。當年的危機應對涉及超寬鬆的貨幣政策，加上拯救銀行業者，以及中國大規模擴大基礎建設投資，使生產性消費大增。這一次中國不可能再以規模驚人的基礎建設投資拯救世界經濟了。二〇〇八年美國的紓困計畫聚焦於銀行，但也包括實際上將通用汽車公司國有化。在面臨工人不滿和市場需求崩跌的情況下，底特律三大汽車公司至少將暫時停止生產，這可能有重要影響。如果中國無法發揮它在二〇〇七至二〇〇八年發揮的作用，擺脫當前經濟危機的重任將落在美國身上，而事情將變得極其諷刺：經濟上和政治上唯一可行的政策，其社會主義程度遠高於桑德斯（Bernie Sanders）可能提出的任何政策，而且這些救援計畫將必須在川普主持下啟動，想必是打著「使美國再度偉大」的旗幟。強烈反對二〇〇八年紓困計畫的共和黨人全都必須承認自己之前犯了大錯，否則就必須反抗川普。川普很可能將緊急取消選舉，並宣布開啟帝國總統時期，以拯救資本和世界免受暴亂和革命傷害。如果唯一可行的政策是社會主義的，統治寡頭無疑將採取行動，確保它們是國家社會主義的，而不是人民社會主義的。反資本主義政治的任務就是防止這種情況發生。

第十九章　以集體方式應對集體困境

我是在冠狀病毒危機期間於紐約市撰寫本章。現在是很難知道確切如何應對當前事態的時候。通常在這種情況下，我們這些反資本主義的人會上街示威和鼓動人們投入抗爭。但就在這種需要採取集體行動的時候，我卻處於令人沮喪的個人隔離狀態。但正如馬克思的名言指出，我們無法在自己選擇的境況下創造歷史。因此，我們必須想清楚如何善用我們確實可利用的機會。

我個人的境況相對幸運。我可以繼續工作，只是改為在家工作。我沒有失業，仍可獲得薪酬。我只需要避開病毒。我的年紀和性別使我屬於脆弱組別，因此應該避免與人接觸。所以除了上網講課開會，我有充裕的時間思考和寫作。但我不想詳述紐約這裡的具體情況。我想我可以針對潛在的替代方案提出一些省思，並討論這問題：反資本主義者怎麼看當前這種狀況？

我們先來看馬克思怎麼評論一八七一年巴黎公社失敗的革命運動。馬克思寫道：

> 工人階級並沒有期望公社創造奇蹟。他們不是要憑一紙人民法令去推行什麼現成的烏托邦。他們知道，為了謀求自身的解放，同時實現當前社會因為本身經濟因素的作用而不可抑制地趨向的那種更高形式，他們將必須經歷長期的鬥爭，經歷改造環境和人類的一系列歷史過程。工人階級不是要實現什麼理想，只是要解放正在崩潰的資產階級舊社會本身所

富有的新社會要素。

我來評論一下這段話。首先，當然，馬克思某種程度上與烏托邦社會主義思想是對立的。一八四〇、一八五〇和一八六〇年代的法國有許多烏托邦社會主義者。這種思想是傅立葉（Fourier）、聖西門（Saint-Simon）、卡貝（Cabet）、布朗基（Blanqui）、蒲魯東（Proudhon）等人傳下來的。馬克思認為烏托邦社會主義者是空想家，不是重視實際、真的將改變此時此地勞動條件的勞動者。為了改變此時此地的狀況，你必須真的掌握資本主義社會的確切本質。但馬克思很清楚知道，革命大計必須聚焦於勞工的自我解放。在這當中，「自我」這部分很重要。任何改變世界的大計都涉及改變自我。因此勞工也必須改變自己。巴黎公社出現時，馬克思就很明確地這麼想。但他也指出，資本本身實際上在創造變革的可能，而藉由長期的鬥爭，我們有可能「解放」新社會，使勞工從異化的勞動中解脫出來。革命任務是解放正在崩潰的資產階級舊社會秩序本身所富有的新社會要素。

我們且假設眼下是資產階級舊社會正崩潰的時候。這個社會顯然孕育著各種醜陋的東西（例如種族歧視和仇外心理），而我不會希望這些東西得到解放。但馬克思並不是主張解放那個正崩潰的可怕舊社會秩序中的所有東西。他想說的是，我們必須在正崩潰的資產階級社會中選擇那些對解放勞工和勞工階級有幫助的東西。這就引出以下問題：那些可能性是什麼？

它們來自哪裡？馬克思在他關於巴黎公社的小冊子中沒有解釋這一點，但他早期的許多理論工作致力揭露那些對勞工階級有幫助的可能性。他的其中一本著作花了很多篇幅討論這問題，那就是他在一八五七至五八年的危機時期所寫的很大部頭、相當複雜和未完成的《政治經濟學批判大綱》。這部著作的一些段落揭示了馬克思為巴黎公社辯護時可能確切想到些什麼。「解放」的概念涉及對當時資產階級資本主義社會內部發生的事情的理解。那是馬克思一直努力想理解的東西。

在《大綱》中，馬克思詳細闡述了技術變革和資本主義固有的技術活力（technological dynamism）。他所闡明的是，資本主義社會必然大量投資於創新，大量投資於創造新的技術和組織可能性。之所以如此，是因為我作為一個資本家，如果我與其他資本家競爭而我的技術優於對手，我將能獲得超額利潤。因此，每一個資本家都有動機去尋找比競爭對手更有生產力的技術。技術活力因此根植於資本主義社會的核心。從（寫於一八四八年的）《共產主義宣言》（*Communist Manifesto*）開始，馬克思就認識到這一點。這是驅使資本主義一直追求大變革的主要力量之一。資本主義永遠不會滿足於現有的技術。它將不斷尋求改進技術，因為它總是獎勵擁有較先進技術的人、公司或社會。擁有最先進和最有活力的技術的國家、民族或勢力集團，將成為領導者。因此，技術活力內植於資本主義的全球結構中，而且從一開始就是這樣。

馬克思在這方面的觀點既富啟發性，又非常有趣。在我們的想像中，技術創新過程通常是生產某種東西的人尋求以更好的技術做他們所做的事。也就是說，技術活力是針對特定的工廠、特定的生產系統、特定的情況而言。但事實證明，許多技術真的會從一個生產領域溢出到另一個生產領域。它們變成了通用技術。例如電腦技術就是人人可用的，無論用來做什麼。自動化技術也是所有人和所有類型的產業都可以利用的。馬克思注意到，英國到了一八二〇、一八三〇和一八四〇年代，新技術的發明已經成為一項獨立的事業。也就是說，情況已經不再是紡織業者或其他行業的人尋求能夠提高勞動生產力的新技術，而是創業者發明通用的新技術。在馬克思的時代，起初最重要的例子是蒸汽機。蒸汽機用途廣泛，可用來為煤礦排水，也可用來製造蒸汽引擎和建設鐵路，還可以用在紡織廠的動力織布機上。因此，當年你若想投入創新事業，工程和工具機產業是很好的起點，而當年就有一些經濟體以生產新技術和新產品為方向，例如伯明罕市周遭就專門製造工具機。即使在馬克思的時代，技術創新就已成為一項獨立自主的事業。

在《大綱》中，馬克思詳細探討了以下問題：當技術創新本身成為一種事業，當技術創新創造出新市場，而不是回應對新技術的特定既有市場需求，將會發生什麼事？在這種情況下，新技術會成為資本主義社會活力的一個尖端，而後果是廣泛的。顯而易見的一個結果是技術永遠不是靜止的，技術從不會固定不變，而是很快就過時。追趕最新技術可能造成巨大壓力，也可能代價高昂。加速淘汰舊技術可能對既有業者造成災難性的影響。儘管如此，一些產業，例如電子、製藥和生物工程，就致力於為創新而創新。誰能創造出吸引人的創新（例如手機或平板電腦）或用途最廣泛的創新（例如電腦晶片），誰就很可能勝出。因此，技術本身成為一種事業的概念，在馬克思關於資本主義社會本質的論述中絕對至關重要。資本主義正是因此不同於所有其他生產方式。創新能力在人類歷史中隨處可見。在古代中國，甚至在封建制度下也有技術變革。但資本主義生產方式獨特之處，就在於這個簡單的事實：技術本身成為一種事業，創造出通用的產品，既賣給生產者，也賣給消費者。這是資本主義特有的。它成為資本主義社會演變的關鍵驅動力之一。無論我們喜歡與否，這就是我們身處的世界。

馬克思接著指出這種發展的一個非常重要的結果。為了使技術本身成為一種事業，你必須以特定方式動員新知識。這涉及應用科學和技術，視之為知識的獨特形式和對世界的認識。各領域的新技術創造與科學和技術作為知識和學術學科興起結合起來。馬克思注意到，科學和技術的應用以及新知識的創造，如何成為這種革命性技術發展的必要條件。這界定了資本主義生產方式本質的另一面向。技術活力與新知識和觀念產生過程中的活力聯繫起來，這種過程產生新的科學和技術知識，以及新的、往往革命性的對世界的心智概念。科學和技術領域與新知識和新認識的產生和動員相結合。人們最終建立全新的機構，例如麻省理工學院和加州理工學院，以促進這種發展。

馬克思接著問道：這對資本主義中的生產過程有什麼影響？它如何影響這些生產過程納入勞動（和勞工）的方式？在資本主義確立之前，例如在十五、十六世紀，勞動者通常掌控生產資料（工具），並學會熟練地使用這些工具。熟練的勞動者成為某種知識和某種認識的壟斷者，而馬克思注意到，這種知識和認識一直被視為一種技藝。但是，到了工廠制確立的時代，情況就不再是這樣了，當代世界就更不是這樣。勞動者的傳統技能變得多餘，因為真正重要的變成是技術和科學，而技術和科學以及新的知識形式被納入機器中。技藝消失了。在《大綱》中一些令人震撼的段落裡（如果你有興趣，可翻閱該書企鵝版頁六五〇至七一〇），馬克思闡述新技術和知識如何植入機器裡；它們不再藏於勞動者的大腦裡，勞動者被推到一邊，成為機器的附屬物，僅負責配合機器的運作。勞動者以前擁有的智慧和知識使他們相對於資本享有某種壟斷權力，但這些智慧和知識如今全都消失了。資本家曾經需要勞動者的技能，如今擺脫了這種束縛，因為技能就在機器裡面。科學和技術產生的知識流入機器裡，機器成為資本主義活力的「靈魂」。這就是馬克思描述的情況。

因此，資本主義社會的活力變得非常倚賴持續創新，而這有賴追求持續創新的事業動用科學和技術資源。馬克思在他的時代清楚看到了這一點。他是在一八五八年寫下這一切！但現在，當然，這個問題已經變得至關重要。人工智慧問題是馬克思所談論的問題的當代版本。我們現在需要知道的是，人工智慧已經藉由科學和技術方面的努力發展到什麼程度，以及人工智慧目前在生產過程中應用到什麼程度，未來估計將應用到什麼程度。這種技術的明顯作用是取代勞動者，而且將使勞動者進一步失去在生產過程中應用想像力、技能和專門知識的能力，使勞動者進一步貶值。

馬克思在《大綱》中的一些評論實在精采，容我在此引用：

> 生產過程從簡單的勞動過程向科學過程轉化，征服自然力並迫使它們為人類的需要服務，表現為與活勞動相對立的固定資本的屬性……於是，勞動的一切力量都轉化為資本的力量。

知識和科學專門技術如今就在資本家掌控的機器裡。勞動的生產力被轉移到固定資本中，而固定資本是外在於勞動的東西。勞動者被推到了一邊。因此，就生產和消費而言，固定資本成為我們的集體知識和智慧的承載者。

馬克思接著聚焦於正崩潰的資產階級秩序所孕育的、可能有利於勞動的東西。他說：「資本在這裡——完全是無意地——使人的勞動，使力量的支出縮減到最低限度。這將有利於解放了的勞動，也是使勞動獲得解放的條件。」換句話說，在馬克思看來，諸如自動化或人工智慧之類的技術興起，為勞動的解放創造了條件和可能性。在我稍早引用的馬克思關於巴黎公社的那段評論中，勞動和勞動者的自我解放是核心問題。先進技術的應用是我們必須歡迎的。但是，為什麼先進技術的應用具有如此巨大的解放潛力？答案很簡單：這些科學和技術都在提高勞動的社會生產力。一名勞動者照顧大量機器，可以在很短的時間內生產出大量商品。馬克思在《大綱》中這麼說：

> 隨著大工業的發展，現實財富的創造較少地取決於勞動時間和已耗費的勞動量，較多地取決於在勞動時間內所運用的動因的力量，而這種動因的「巨大效率」又與生產它們所花費的直接勞動時間不成比例，相反地卻取決於一般的科學水準和技術進步，或者說取決於科學在生產上的應用……現實財富倒不如說是表現在已耗費的勞動時間與勞動產品驚人的不成比例上——大工業揭示了這一點。

但馬克思接著引用了當時一名李嘉圖社會主義者的話：「一個國家只有在每天勞動時間是六小時而不是十二小時的時候，才是真正富裕的。財富不是對剩餘勞動時間的支配，而是除了耗費在直接生產上的時間，每一個人和整個社會可以自由支配的時間。」

資本主義正是因此創造出「個性自由發展」的可能，包括勞工的個性自由發展。順便說一下，雖然我之前就說過，但我要再說一遍：馬克思總是、總是強調，集體行動追求的終極目標是個人的自由發展。人們普遍以為馬克思的核心理念強調集體行動和壓制個人主義，但這種觀念是錯誤的。事實恰恰相反。馬克思其實強調動員集體行動以實現個人自由。我們稍後將再談這一點，但要注意的是，個性的自由發展才是關鍵目標。

這一切取決於「必要勞動的普遍減少」，也就是社會日常生活再生產所需要的勞動量減少。勞動生產力日益提高意味著我們可以輕易滿足社會的基本需求。這將使個人享有充裕的閒暇，得以解放藝術和科學方面的發展潛力。起初只會有少數幸運兒享有閒暇，但最終人人都將有許多時間可以自由支配。也就是說：解放個人去做他們想做的事至為重要，因為我們可以利用先進的技術輕鬆滿足基本生活需求。馬克思說，問題在於資本本身是個「變動的矛盾」。資本「竭力把勞動時間縮減至最低限度，另一方面又使勞動時間成為財富的唯一尺度和源泉。」因此，它縮減必要的勞動時間，以增加剩餘勞動時間。注意，剩餘勞動時間正是馬克思所講的剩餘價值。問題在於剩餘由誰獲得。馬克思指出的問題不是剩餘不可得，而是剩餘不是勞動可得。雖然趨勢「一方面是創造可支配的時間」，但另一方面是為了資本家階級的利益「把它轉化為剩餘勞動」。它實際上沒有被用來解放勞動者，雖然它可以這麼運用。它實際上被用來為資產階級錦上添花，也就是在資產階級內部藉由傳統手段積累財富。核心矛盾因此就在這裡。馬克思說：「一個國家的真正財富，我們如何理解呢？嗯，你可以根據人們控制多少金錢和其他財物理解它。」但對馬克思來說，「真正富裕的國家是每天勞動時間為六小時而不是十二小時的國家。財富不是對剩餘勞動時間的支配，而是除了直接生產所需要的時間，整個社會中每一個人可以自由支配的時間。」也就是說：一個社會的財富將由我們擁有多少閒暇衡量；因為我們已經滿足了自己的基本需求，我們都可以不受任何約束地利用閒暇做自己喜歡的任何事。而馬克思的論點是：我們必須有一種集體運動，確保這種社會可以建構起來。但阻礙我們的當然是支配一切的階級關係和資本家階級權力的行使。

注意，眼下我們因為冠狀病毒危機而封城，經濟崩潰，這種境況有趣地呼應上述的解放可能。我們許多人正處於個人有大量可支配時間的情況。我們多數人被迫待在家裡，不能外出工作，不能做我們平常做的事。我們要如何利用自己的時間？當然，如果我們有孩子，那就有許多事情要做。但我們已經來到有大量時間可支配的境況。當然，第二件事是我們正經歷大規模的失業。今天的最新數據顯示，美國約有兩千六百萬人已經失去工作。我們通常會說這是一場大災難，而當然，這確實是大災難，因為一旦失業，你就可能沒有錢滿足基本生活需求，你就失去再生產自身勞動力的能力。許多人失去了他們的醫療保險，還有許多人難以獲得失業救濟。付不出房租或繳不起房貸將使許多人的居住權岌岌可危。美國許多人，可能多達一半的家庭，可用來應付小型緊急情況的備用資金不超過四百美元，面對當前這種全面的危機當然就更脆弱。這些人很可能很快就流落街頭，而他們和他們的孩子將面臨飢餓威脅。但我們應該更深入審視當前境況。

瘟疫之下，需要照顧的病人將越來越多，此外社會也必須維持最低限度的基本服務以支持日常生活的再生產，而料將負責這些工作的勞動力往往具有非常顯著的性別、種族和族群特徵。這個「新勞工階級」站在當代資本主義的最前線，首當其衝，必須投入染疫風險最高的工作，又或者在沒有資源可以仰賴的情況下，因為疫情造成的經濟衰退而失業。美國當代勞工階級（主要由黑人、拉美裔和受薪女性構成）面臨可怕的選擇：以照顧病人和維持必要服務（例如超市）的名義投入工作，承受染疫風險，又或者在沒有福利（例如足夠的醫療保險）的情況下失業。這些勞動力早就社會化，表現得像是新自由主義的好臣民（這意味著他們如果遇到困難，會責怪自己或上帝，但從不敢暗示資本主義可能是問題所在）。但即使是新自由主義的好臣民也能看到，當局應對這場瘟疫的方式，以及他們必須為維持社會秩序的再生產承受不成比例的重擔，是大有問題的。

為了擺脫抗疫上的嚴重危機，我們必須採取集體行動。我們必須以集體行動控制病毒的傳播，包括封城、社交疏離之類的措施。這種集體行動是必要的；只有這樣，我們每一個人最終才能獲得解放，隨心所欲地生活。我們現在不能做自己想做的事。當前狀況其實是個很好的隱喻，有助我們理解資本的本質。資本致力創造一種不自由的社會：我們多數人無法自由地去做自己想做的事，因為我們被迫忙於為資本家階級創造財富。馬克思可能會說，那兩千六百萬名失業者，如果他們真的有辦法獲得足夠的金錢養活自己，購買生存所需要的商品和支付房租，那麼為什麼不追求擺脫異化勞動的大規模解放呢？換句話說，我們是否只是希望那兩千六百萬人恢復就業，就此擺脫這場危機，哪怕許多人將回去做一些很爛的工作？這是我們想要的脫困方式嗎？抑或我們應該想想：是否有某種方式可以組織基本商品和服務的生產，以便人人都有東西吃，人人都有體面的地方住，而且我們暫停任何形式的驅逐，以便人人都可以免租金居住？換句話說，這難道不就是我們可以真的認真思考建立另一種社會的時候嗎？如果我們足夠堅韌，足夠老練，能夠處理這場瘟疫，為什麼不同時處理資本造成的問題呢？與其說我們都想回去工作，都想那些職位失而復得，都想一切回到危機爆發前的狀態，或許我們應該說：為什麼我們不創造一種完全不同的社會秩序，藉此走出這場危機？為什麼我們不利用目前正崩潰的資產階級社會所富有的有用東西（其驚人的科學、技術和生產能力），並解放人工智慧、技術變革和組織形式的有用面向，從而真的創造出一種與舊秩序根本不同的新秩序？畢竟在當前的緊急狀況下，我們已經在試驗各種替代系統，例如向窮人、受衝擊的社區和群體免費提供基本食物，免費提供醫療，以及利用網路做很多以前必須親身在場的事。事實上，一種社會主義新社會的輪廓已經顯露出來，而這很可能正是為什麼右翼和資本家階級如此急切地希望我們回到以前的狀態。

眼下正是想清楚比較美好的另一種社會秩序可能是什麼樣子的大好時機。眼下是真的可能建立另一種秩序的時候。與其不經思考地說「啊，我們必須立即要回那兩千六百萬份工作」，我們或許應該尋求擴大我們已經在做的一些事，例如以集體方式組織集體供給。這種情況已經發生在醫療領域，但也開始呈現在糧食以至熟食供給的社會化上。目前紐約市有若干餐飲集團維持運作，它們仰賴捐贈，為許多陷入困境的人提供免費膳食；那些人失去工作，無法搬家，也不能到處走動。換句話說，與其說「好吧，這是我們在緊急狀況下做的事」，為什麼我們不把握這個時機，開始向所有餐館說：「你們的任務就是為大眾提供膳食，使人人每天至少可以享用體面的一餐或兩餐。」而我們其實已經具備這個新社會的一些要素，例如許多學校為學生提供膳食。因此我們應該繼續做下去，或至少吸取教訓，了解一下如果我們在乎，可以做到些什麼。這不就是我們可以利用這種社會主義想像來建構另一種社會的時候嗎？這不是烏托邦。這是可以付諸實行的，例如曼哈頓上西區的餐館現在都關門了，全都停止運作。但我們可以把人找回來，讓餐館恢復作業，提供食物給流落街頭的人、困在家裡的人和孤獨的老人。我們需要這種集體行動，以便我們所有人都能獲得個人自由。無論如何，如果現在失業的那兩千六百萬人必須回去工作，那麼或許他們應該每天工作六小時而不是十二小時，這樣我們才可以慶祝世上最富有國家的民眾生活有了一種不同的定義。或許正因如此，美國可以真正偉大起來（「再度」一詞就由它留在歷史的垃圾堆裡）。

這就是馬克思一再強調的觀點。真正的個人主義與資產階級意識形態不斷宣揚的虛假個人主義截然不同；真正個人主義的根源，真正的個人自主、自由和解放的根源，是藉由集體行動滿足我們所有的需要，使我們每天只需要工作六小時，餘下時間可以完全按照自己的意願行事。換句話說，現在不正是我們認真思考社會主義社會建設的活力和可能性的好時機嗎？但是，為了走上這樣的解放道路，我們首先必須解放自己，看到在一種新現實中發揮想像力創造新社會的可能。

致謝

我們感謝人民論壇支持這個專案，尤其是Claudia de la Cruz、Manolo de los Santos、Layan Fuleihan、David Chung、Belén Marco Crespo、Bryant Diaz、Juan Peralta、Rita Henderson，以及許多其他人。與策劃編輯David Shulman合作是一件樂事。我們感謝他和他在Pluto Press的同事David Castle和Veruschka Selbach對Red Letter系列的鼓勵和支持。Robert Webb引導我們完成製作過程。非常感謝Aya Ouais為本書提供研究協助和文字記錄，感謝Elaine Ross的文字編輯和Melanie Patrick的封面設計。衷心感謝Christina Heatherton、Manu Karuka、Kanishka Goonewardena，以及哥倫比亞大學社會差異研究中心的種族資本主義工作組，感謝他們提供寶貴的研討會回饋，促成本書的出版。

喬丹・坎普：感謝紐約市立大學研究生中心的地方、文化和政治中心提供了一個充滿活力和創造力的知識社群，使我能以訪問學者的身分完成本書的工作。與Ruth Wilson Gilmore、大衛・哈維、Peter Hitchcock、Zifeng Liu、Maria Luisa Mendonca、Lou Cornom、Mary Taylor

等人的對話，對編輯過程大有幫助。

克里斯・卡魯索：感謝大衛・哈維對出版這本書的慷慨支持，感謝他支持世界各地的社會運動，感謝他十五年來在線上政治教育方面與我合作。此外感謝 Willie Baptist、Roy Singham、General Baker、Marian Kramer、Kathleen Sullivan 和 Ronald Casanova 等同志和導師，他們堅持認為必須推行嚴格的政治教育，以培養來自窮人和被剝奪者的有機知識分子。

感謝我的妻子 Liz 和孩子 Sophia 和 Luke，感謝他們予我希望和啟發。

問題討論與延伸閱讀

第一章　全球動盪

- David Harvey, *Brief History of Neoliberalism* (New York: Oxford University Press, 2005)（大衛・哈維，《新自由主義簡史》）
- Chapter 1: Freedom's Just Another Word
- David Harvey, *Rebel Cities: From the Right to the City to the Urban Revolution* (London: Verso, 2013)（大衛・哈維，《叛逆的城市》）
- Chapter 5: Reclaiming the City for Anti-Capitalist Struggle
- Karl Marx and V. I. Lenin, *Civil War in France: The Paris Commune* (New York: International Publishers, 1988)（馬克思，《法蘭西內戰》）

1. 當前的抗爭潮對我們理解資本主義的矛盾有何啟示？

2. 為什麼理解複合成長問題至關重要？
3. 在當前的危機中，社會主義和反資本主義計畫必須協商出怎樣的路徑？

第二章　新自由主義簡史

- David Harvey, *A Brief History of Neoliberalism* (Oxford: Oxford University Press, 2005)（大衛・哈維，《新自由主義簡史》）
- Lewis F. Powell Jr. to Eugene Sydnor, "Attack on American Free Enterprise System," August 23, 1971, Internet Archive, http://bit.ly/PowellMemo (accessed May 12, 2020).
- Daniel Yergin and Joseph Stanislaw, *The Commanding Heights: The Battle for the World Economy* (New York: Simon & Schuster, 2002).

1. 是什麼導致金融體系在二〇〇七至二〇〇八年崩潰？
2. 柴契爾夫人說「別無選擇」是什麼意思？
3. 新自由主義是否終結於二〇〇七至二〇〇八年？

第三章　新自由主義的矛盾

- Karl Marx, *Capital: A Critique of Political Economy, Volume I* (London and New York: Penguin

Classics, 1990 [1867])（馬克思，《資本論》第一卷）

- Chapter 32: Historical Tendency of Capitalist Accumulation
- David Harvey, *A Companion to Marx's Capital, Volume 2* (London and New York: Verso, 2013)（大衛・哈維，《跟著大衛・哈維讀資本論》）
- Jim Mann, *Rise of the Vulcans: The History of Bush's War Cabinet* (New York: Viking, 2004)

1. 如果資本被迫不斷壓低工資，市場要來自哪裡？
2. 二〇〇七至二〇〇八年金融危機被歸咎於誰？
3. 二〇〇七至二〇〇八年金融危機爆發後，政府救銀行而非救民眾。當局如何在危機之後恢復政治正當性？

第四章　權力的金融化

- David Harvey, *Marx, Capital and the Madness of Economic Reason* (Oxford: Oxford University Press, 2017)（大衛・哈維，《資本思維的瘋狂矛盾》）

1. 高盛執行長貝蘭克梵說高盛在做「上帝的工作」是什麼意思？
2. 金融活動是否可以產生價值？

第五章　威權轉向

- Juan Gabriel Valdés, *Pinochet's Economists: The Chicago School of Economics in Chile* (Cambridge: Cambridge University Press, 1995).
- Jane Mayer, *Dark Money: The Hidden History of the Billionaires Behind the Rise of the Radical Right* (New York: Anchor Books, 2017).

1. 為什麼商界和巴西股市會團結起來支持像波索納洛這樣的新法西斯主義者？
2. 在你所處的地方，新自由主義經濟學與右翼民粹主義正興起的結盟關係是怎樣的？

第六章　社會主義與自由

- Karl Marx, *Capital: A Critique of Political Economy, Volume III* (London and New York: Penguin Classics, 1990 [1894])（馬克思，《資本論》第三卷）
- Chapter 48: The Trinity Formula
- Karl Marx, *Capita: A Critique of Political Economy, Volume I* (London and New York: Penguin Classics, 1990 [1867])（馬克思，《資本論》第一卷）
- Chapter Six: The Buying and Selling of Labour-Power
- Chapter Ten: The Working-Day

- Karl Polanyi, *The Great Transformation: The Political and Economic Origins of Our Time* (Boston: Beacon Press, 2001)（卡爾・博蘭尼，《鉅變：當代政治、經濟的起源》）
- Naomi Klein, *The Shock Doctrine: The Rise of Disaster Capitalism* (New York: Metropolitan Books/Henry Holt, 2007)（娜歐蜜・克萊恩，《震撼主義：災難經濟的興起》）

1. 社會主義是否需要人們放棄個人自由？
2. 馬克思說「自由領域始於滿足了基本需求」是什麼意思？
3. 社會主義與閒暇有何關係？

第七章　中國在世界經濟中的重要性

- Xi Jinping, *The Governance of China* (Beijing: Foreign Languages Press, 2014)（習近平，《習近平談治國理政》）
- Kai-Fu Lee, *AI Superpowers: China, Silicon Valley, and the New World Order* (Boston: Houghton Mifflin Harcourt, 2018)（李開復，《AI新世界》）

1. 中國應對二〇〇七至二〇〇八年金融危機的方式與世界其他國家有何不同？
2. 中國是資本主義的未來，還是社會主義的未來？
3. 基於人工智慧的社會主義會是怎樣的？

第八章　資本主義的地緣政治

- David Harvey, *Spaces of Capital: Towards a Critical Geography* (New York: Routledge, 2001)（大衛・哈維，《資本的空間：批判地理學芻論》）
- Chapter 14: The Spatial Fix: Hegel, Von Thunen and Marx
- David Harvey, *The New Imperialism* (Oxford and New York: Oxford University Press, 2005)（大衛・哈維，《新帝國主義》）
- Giovanni Arrighi, *The Long Twentieth Century: Money, Power and the Origins of Our Times* (London and New York: Verso, 1994)（阿銳基，《漫長的二十世紀：金錢、權力與我們社會的根源》）
- Rosa Luxemburg, *The Accumulation of Capital* (Mansfield Centre, CT: Martino Publishing, 2015 [1913])（羅莎・盧森堡，《資本積累論》）

1. 債權人與政治權力有何關係？
2. 什麼是空間修補？
3. 空間修補是想解決什麼問題？為什麼它永遠無法永久解決該問題？

第九章　成長症候群

- Karl Marx, *Capital: A Critique of Political Economy, Volume I* (London and New York: Penguin Classics, 1990 [1867])（馬克思，《資本論》第一卷）
- Chapter 14: Division of Labour and Manufacture
- Chapter 15: Machinery and Modern Industry
- Karl Marx, *Capital: A Critique of Political Economy, Volume III* (London and New York: Penguin Classics, 1990 [1894])（馬克思，《資本論》第三卷）
- Part III: The Law of the Tendency of the Rate of Profit to Fall
- Chapter 13: The Law as Such
- Chapter 14: Counteracting Influences
- Chapter 15: Exposition of the Internal Contradictions of the Law
- Karl Marx, Fred Moseley, ed. *Marx's Economic Manuscript of 1864–1865* (Chicago: Haymarket Books, 2017).
- David Harvey, *Paris, Capital of Modernity* (New York: Routledge, 2006)（大衛・哈維，《巴黎，現代性之都》

1. 在多數已開發國家，工廠似乎已經基本消失。是什麼取代了它們？

2. 利潤率趨向下降的規律在什麼意義上是一個二重性的規律？
3. 僅關注成長率並忽視成長的量，可能如何誤導人？

第十章　消費選擇受損

- Karl Marx, *Capital: A Critique of Political Economy, Volume I* (London and New York: Penguin Classics, 1990 [1867])（馬克思，《資本論》第一卷）
- Chapter 15: Machinery and Modern Industry
- David Harvey, *Rebel Cities: From the Right to the City to the Urban Revolution* (London: Verso, 2013)（大衛・哈維，《叛逆的城市》）
- André Gorz, *Critique of Economic Reason* (London, Verso, 1989).

1. 我們在消費選擇方面享有多大的自主權？
2. 是什麼推動現在的城市發展？
3. 開發主義對當代生活方式的再生產在多大程度上是必要的？

第十一章　原始積累

- Rosa Luxemburg, *The Accumulation of Capital* (Mansfield Centre, CT: Martino Publishing, 2015

[1913])（羅莎・盧森堡，《資本積累論》）

- Karl Marx, *Capital: A Critique of Political Economy, Volume I* (New York: Penguin Books, 1990)（馬克思，《資本論》第一卷）
- Chapter 26: The Secret of Primitive Accumulation
- Chapter 27: The Expropriation of the Agricultural Population from the Land
- Chapter 28: Bloody Legislation Against the Expropriated since the End of the Fifteenth Century. The Forcing Down of Wages by Act of Parliament
- Chapter 29: The Genesis of the Capitalist Farmer
- Chapter 30: Impact of the Agricultural Revolution on Industry The Creation of a Home Market for Industrial Capital
- Chapter 31: The Genesis of the Industrial Capitalist
- Chapter 32: The Historical Tendency of Capitalist Accumulation
- Chapter 33: The Modern Theory of Colonization
- Michael Perelman, *The Invention of Capitalism: Classical Political Economy and the Secret History of Primitive Accumulation* (Durham, NC: Duke University Press, 2000)
- Hannah Arendt, *Imperialism* (New York: Harcourt Brace, 1968)（漢娜・鄂蘭，《帝國主義》

1. 所謂「原始積累」的主要目的是什麼？
2. 馬克思所描述的原始積累過程在多大程度上仍與我們同在？

第十二章　剝奪式積累

- David Harvey, *The New Imperialism* (Oxford: Oxford University Press, 2003)（大衛・哈維，《新帝國主義》）
- Chapter 4: Accumulation by Dispossession
  1. 原始積累與剝奪式積累有何不同？
  2. 反對剝奪式積累的鬥爭有什麼例子？

第十三章　生產與實現

- Karl Marx, *The Marx-Engels Reader*, second edition, ed. Robert C. Tucker (New York: W.W. Norton, 1978) “The Coming Upheaval,” pp. 218-19, the concluding passage from Karl Marx, 1847, *The Poverty of Philosophy*.
- Karl Marx, *Grundrisse: Foundations of the Critique of Political Economy* (New York: Penguin Books, 1993)（馬克思，《政治經濟學批判大綱》）

- Silvia Federici, *Caliban and the Witch: Women, the Body, and Primitive Accumulation* (New York: Autonomedia, 2004). "Raise Up for $15, Fight for $15," https://fightfor15.org/raiseup/ (accessed May 12, 2020).

1. 為什麼理解馬克思所講的「自在階級」與「自為階級」很重要？
2. 運輸是否會產生價值？
3. 有關你的居住地目前的勞工階段的構成，冠狀病毒瘟疫導致的封鎖措施產生的影響對你有何啟示？

第十四章　碳排放與氣候變遷

- David Harvey, *Justice, Nature and the Geography of Difference* (Cambridge, MA: Blackwell, 1996)（大衛・哈維，《正義、自然和差異地理學》）

1. 大氣中的二氧化碳增加從何而來？
2. 我們可以如何從大氣中吸走二氧化碳，把碳放回地下？

第十五章　剩餘價值率和剩餘價值量

- Karl Marx, *Capital: A Critique of Political Economy, Volume I* (New York: Penguin Books, 1990)

（馬克思，《資本論》第一卷）

- Chapter 1: The Commodity
- Chapter 10: The Working-Day
- Chapter 11: The Rate and Mass of Surplus-Value
- Karl Marx, *Capital: A Critique of Political Economy, Volume III* (New York: Penguin Books, 1991). 馬克思《資本論》第三卷
- Part III: The Law of the Tendential Fall in the Rate of Profit
- Chapter 13: The Law Itself
- Chapter 14: Counteracting Influences
- Chapter 15: Development of the Law's Internal Contradictions
- Paul Sweezy and Paul A. Baran, *Monopoly Capital: An Essay on the American Economic and Social Order* (New York: Monthly Review Press, 1966).
- Michael Roberts Blog, https://thenextrecession.wordpress.com (accessed May 12, 2020).

1. 資本家比較在乎他們得到的剩餘價值量還是他們得到剩餘價值的速度？
2. 馬克思關於利潤率平均化的論點是什麼？
3. 馬克思的論點如何有助我們理解一九八〇年代以來的全球化時期？

第十六章　疏離異化

- Karl Marx, *Economic and Philosophical Manuscripts of 1844* (Moscow: Progress Publishers, 1959)（馬克思《一八四四年經濟學哲學手稿》）
- Karl Marx, *Grundrisse: Foundations of the Critique of Political Economy* (New York: Penguin Books, 1993)（馬克思，《政治經濟學批判大綱》）
- Karl Marx, *Capital: A Critique of Political Economy, Volume I* (New York: Penguin Books, 1990)（馬克思，《資本論》第一卷）
- Chapter 10: The Working-Day
- Émile Zola, *Au Bonheur des Dames (The Ladies' Delight)* (New York: Penguin Books, 2001)（左拉，《婦女樂園》）

1. 馬克思如何定義疏離／異化的概念？
2. 馬克思的異化理論可以如何幫助我們理解當代勞動狀況？

第十七章　工作上的疏離異化：關廠的政治因素

- Paul Sweezy and Paul A. Baran, *Monopoly Capital: An Essay on the American Economic and Social Order* (New York: Monthly Review Press, 1966).

- LaToya Ruby Frazier: The Last Cruze, http://bit.ly/LastCruze (accessed May 12, 2020).
  1. 關於通用汽車洛茲敦關廠事件對工人、家庭和兒童的影響，拉托亞・露比・弗拉澤的影像論文告訴了我們什麼？
  2. 為什麼底特律汽車業者是壟斷資本如何運作的好例子？
  3. 全球化如何改變了資本看待勞動的方式？

第十八章　冠狀病毒瘟疫時期的反資本主義政治

- Karl Marx, *Grundrisse: Foundations of the Critique of Political Economy* (New York: Penguin Books, 1993)（馬克思，《政治經濟學批判大綱》）
  1. 面對冠狀病毒大流行必將產生的衝擊，主宰一切的新自由主義經濟模式在正當性衰落和健康脆弱的情況下，可以如何承受衝擊並生存下去？
  2. 有一種方便的說法聲稱傳染病不理會階級或其他社會壁壘和界限，我們該如何評價這種說法？

第十九章　以集體方式應對集體困境

- Karl Marx, *Grundrisse: Foundations of the Critique of Political Economy* (New York: Penguin

Books, 1993), pp. 650-710（馬克思，《政治經濟學批判大綱》）

- Karl Marx and V.I. Lenin, *Civil War in France: The Paris Commune* (New York, International Publishers, 1988)（馬克思，《法蘭西內戰》）

1. 將科學和技術當成知識的形式加以動員，如何影響資本主義中的生產過程納入勞動的方式？
2. 馬克思關於勞動的自我解放的論點是什麼？
3. 行動者可以如何以當前危機為機會，設想取代現行秩序的社會主義社會？

next 303

反資本主義編年紀事
The Anti-Capitalist Chronicles

作　　者——大衛・哈維（David Harvey）
譯　　者——許瑞宋
主　　編——王育涵
特約編輯——蔡宜真
校　　對——蔡宜真
責任企畫——郭靜羽
美術設計——許晉維
內頁排版——立全電腦印前排版有限公司

總 編 輯——胡金倫
董 事 長——趙政岷
出 版 者——時報文化出版企業股份有限公司
一〇八〇一九 台北市和平西路三段二四〇號七樓
發行專線—（〇二）二三〇六六八四二
讀者服務專線—〇八〇〇二三一七〇五
（〇二）二三〇四七一〇三
讀者服務傳真—（〇二）二三〇四六八五八
郵撥—一九三四四七二四時報文化出版公司
信箱—一〇八九九臺北華江橋郵局第九九信箱

時報悅讀網——http://www.readingtimes.com.tw
時報文化臉書——https://www.facebook.com/readingtimes.fans
法律顧問——理律法律事務所　陳長文律師、李念祖律師
印　　刷——勁達印刷有限公司
初版一刷——二〇二二年三月四日
定　　價——新台幣四二〇元

反資本主義編年紀事 / 大衛.哈維(David Harvey)著 ; 許瑞宋譯. -- 初版. -- 臺北市 : 時報文化出版企業股份有限公司, 2022.03
面； 公分. -- (next ; 303)
譯自 : The anti-capitalist chronicles
ISBN 978-957-13-9891-4(平裝)

1.CST: 資本主義 2.CST: 馬克思經濟學

550.187 110021870

ISBN 978-957-13-9891-4（平裝）
Printed in Taiwan